Ausgabe C

Lesen 3

# Griechische Mythen

C.C.BUCHNER

Campus

Gesamtkurs Latein. Ausgabe C

Herausgegeben von Clement Utz und Andrea Kammerer

**Lesen 3**
Herausgegeben von Michael Lobe und Christian Zitzl
Bearbeitet von Michael Lobe

1. Auflage, 2. Druck 2024
Alle Drucke dieser Auflage sind, weil unverändert, nebeneinander benutzbar.

Dieses Werk folgt der reformierten Rechtschreibung und Zeichensetzung. Ausnahmen bilden Texte, bei denen künstlerische, philologische oder lizenzrechtliche Gründe einer Änderung entgegenstehen.



Redaktion: Barbara Szlagor
Satz und Gestaltung: i.motion, Bamberg
Umschlaggestaltung: mgo360 GmbH & Co. KG, Bamberg / Ines Müller
Druck und Bindung: mgo360 GmbH & Co. KG, Bamberg

www.ccbuchner.de

ISBN 978-3-661-**41043**-2

Liebe Schülerinnen, liebe Schüler,

die Welt der griechischen Sagen ist eine geheimnisvolle, spannende, bisweilen auch unheimliche Welt, die die Menschen aller Zeiten fasziniert und bis heute zu eigenen Werken inspiriert hat: Es gibt unzählige Gemälde, Plastiken, Opern, Theaterstücke und Filme, die den griechischen Mythos wiederaufleben lassen.

Lasst auch ihr euch in diese abwechslungsreiche und fesselnde Welt entführen und erlebt zusammen mit den Helden die Kämpfe gegen sagenumwobene Ungeheuer, erfahrt von den oft blutigen Streitigkeiten der Götter untereinander oder mit Menschen, von großen Katastrophen, aber auch von rührenden und tragischen Liebesgeschichten.

Abgesehen von diesem Vergnügen lernt ihr zugleich einen der bedeutendsten Bildungsschätze Europas kennen. Dazu tragen auch die zahlreichen Abbildungen bei, die euch zeigen, wie sehr die Welt der griechischen Sagen berühmte Künstler vieler Jahrhunderte zu prächtigen Kunstwerken angeregt hat.

Dieses Heft besteht aus 21 Kapiteln, die in Wortschatz und Grammatik genau der Reihenfolge eures Lateinbuches *Campus* C 3 folgen – und zwar ab Kapitel 71. Wenn ihr also die erste Geschichte lest, sind in ihr der Wortschatz und die Grammatik der Kapitel 1 bis 70 von *Campus* C 2 vorausgesetzt. Jede weitere Geschichte übt den Wortschatz und Grammatikstoff des entsprechenden Buchkapitels ein, sodass ihr eine gute und vor allem unterhaltsame Zusatzmöglichkeit zum Üben habt.

Zur Überprüfung eures Könnens ist dem Bändchen eine herausnehmbare deutsche Übersetzung beigegeben. Diese solltet ihr aber erst dann benutzen, wenn ihr das entsprechende Kapitel tatsächlich gelesen habt. Eine weitere Hilfe ist das Eigennamenverzeichnis auf S. 48 ff. Wenn euch bei der Lektüre eines Mythos unbekannte Namen begegnen, könnt ihr euch dort informieren.

Vielleicht noch ein Wort zu den Verwendungsmöglichkeiten dieses Bändchens: Ihr könnt es in der Klasse lesen, es als unterrichtsbegleitende Übungsmöglichkeit zu Hause nutzen oder es in den Sommerferien in einem Zug zur Wiederholung des gesamten Lateinstoffes durchlesen. So startet ihr topfit ins nächste Schuljahr.

Viel Spaß beim Lesen und Lernen!

# Inhalt


| | | Campus C | Seite |
|---|---|---|---|
| 1 | **Apollo und Daphne** ........<br>Indefinitpronomen (ali)quis | 71 | 6 |
| 2 | **Apollo und Marsyas** ........<br>Adjektive Steigerung (1)<br>Korrelativa<br>Gen. der Beschaffenheit – Abl. der Beschaffenheit | 73 | 8 |
| 3 | **Theseus und Prokrustes** ........<br>Adjektive Steigerung (2/3)<br>Vergleich mit quam<br>Abl. des Vergleichs – Gliedsätze als Adverbiale | 74 | 10 |
| 4 | **Ariadne auf Naxos** ........<br>Adverbbildung<br>Adverb als Adverbiale | 75 | 12 |
| 5 | **Zeus und Europa** ........<br>Indefinitpronomen quidam<br>Prohibitiv | 76 | 14 |
| 6 | **Tantalus** ........<br>Hortativ – Jussiv | 77 | 16 |
| 7 | **Phaëthon** ........<br>Optativ | 78 | 17 |
| 8 | **Aktäon** ........<br>Partizip Futur Aktiv (PFA) | 79 | 19 |
| 9 | **Pyramus und Thisbe** ........<br>Infinitiv Futur Aktiv | 80 | 21 |
| 10 | **Phädra** ........<br>Adverbien: Steigerung | 81 | 23 |
| 11 | **Jason raubt das Goldene Vlies** ........<br>Gerundium (1) | 82 | 25 |
| 12 | **Niobe** ........<br>Gerundium (2) | 83 | 27 |

| | | Campus C | Seite |
|---|---|---|---|
| 13 | **Die lykischen Bauern**<br>Indefinitpronomen quisque<br>Satzwertige Konstruktionen | 84 | 29 |
| 14 | **Philemon und Baucis**<br>Deponentien (a- und e-Konjugation) | 85 | 31 |
| 15 | **Pygmalion**<br>Deponentien (kons. und i-Konjugation) | 86 | 33 |
| 16 | **Herkules und die Schlangen**<br>Deponentien (Infinitive, Partizipien, Gerundium) | 87 | 35 |
| 17 | **Herkules am Scheideweg**<br>Attributives Gerundivum | 88 | 37 |
| 18 | **Achill – ein Held in Frauenkleidern**<br>Prädikatives Gerundivum (1)<br>Dativus auctoris | 89 | 39 |
| 19 | **Mars, Vulcanus, Venus**<br>Prädikatives Gerundivum (2/3) – quisquis – quicumque<br>Genitivus partitivus | 91 | 41 |
| 20 | **Perseus und Medusa**<br>Potentialis – Deliberativ – fieri<br>Verschränkter Relativsatz | 94 | 43 |
| 21 | **Perseus und Andromeda**<br>Perfektopräsentien – Konjunktiv im Relativsatz –<br>NcI – Semideponentien | 97 | 45 |

# 1 Apollo und Daphne



Einmal geriet der kleine Liebesgott Amor mit dem mächtigen Gott Apollo in Streit darüber, wer der Mächtigere von beiden sei ...

Apollo: „Cur hunc arcum[1] parvis umeris geris, Amor? Haec arma mihi, deo potenti, idonea sunt, non tibi. Nonne scis, me non aliquem hostem, sed bestiam ingentem hoc arcu superavisse? Arcus telum viri, non pueri est. Omitte igitur arcum, si sapis!“ Amor parvus primo tacuit, tum ira captus respondit: „Etsi parvus sum, non sum aliqui deus, sed deus amoris. Tua tela multum valent, sed tela mea magis valent. Et ego doctus sum: Num quis dubitat tela Amoris maxime valere?“

Dum Apollo ridere incipit, Amor motu celeri ad summum montem volavit et ex eo loco duo tela misit: Aliud telum ex auro, aliud e plumbo[2] constitit. Alio telo factum est, ut Apollo deus statim cupidus amoris esset, alio telo prohibitum est, ne Daphne virgo amore alicuius viri moveretur. Quamvis pater ab ea saepe postulavisset, ut viro nuberet, illa dixit: „Concede mihi, pater care, vitam liberam agere! Nulli viro nubere volo. Hoc Iuppiter pater etiam Dianae deae concessit. Nonne cernis me felicem vitam adhuc agere?“ Profecto pater precibus filiae motus est.

Quondam casu evenit, ut Apollo deus meridie Daphnem aspiceret. Statim gravi amore captus est; sed virgo cursu celeri effugit. Deus dulci voce clamavit: „Mane, puella! Hostis non sum. Cur me fugis?“ Sed Daphne non constitit. Illa imprimis cupiebat, ut aliquo loco latere posset. At Apollo orare non desiit: „Audi, puella, ut scias, quem fugis! Neque enim aliquis rusticus[3] sum! Nec aliquis servus sum. Iuppiter ipse, summus deus, pater meus est. Ego hominibus artes et carmina dedi. Itaque opinionem bonam de me habent; si quis me vocat, auxilio venio. At mihi ipsi adesse non possum: Acerbo amore torqueor. Tam pulchra es quam sidus nocturnum. Itaque te oro: Mane!“

---

[1] arcus, arcūs der Bogen – [2] plumbum das Blei – [3] rūsticus der Bauer

Sed Daphne Apollinem effugere pergebat. Iam deus virginem comprehendit, cum Daphne plena timoris clamavit: „Adeste mihi, dei, mutate me in aliquam arborem, ne ab Apolline capiar!“ Et ecce! Manus puellae in ramos[1], pedes in radices[2] mutati sunt. Apollo non iam puellam, sed lauream[3] pulchram tetigit. Flens denique deus dixit: „Etsi me amare negavisti, puella, te non deseram: Caput meum semper ramis tuis ornabitur.“

Seit dieser Zeit ist der Lorbeerkranz neben der Lyra und dem Bogen eines der Attribute des Gottes Apollo.

*Gian Lorenzo Bernini: Apollo und Daphne. 17. Jh. Rom, Galleria Borghese.*

[1] rāmus der Ast, der Zweig – [2] rādīx, icis *f* die Wurzel – [3] laurea der Lorbeerbaum

# 2 Apollo und Marsyas



Die Göttin Minerva war stolz, weil sie die lange Flöte erfunden hatte. Als sie das Instrument bei einem Götterbankett vorstellte, lachten Venus und Juno über ihr Flötenspiel und sagten, sie sei hässlich dabei anzusehen. Minerva wollte sich selbst davon überzeugen und sah sich beim Flötenspiel im klaren Wasser einer Quelle zu. Als sie ihren hochroten Kopf und die aufgeblasenen Backen sah, warf sie die Flöte weg und verfluchte voller Zorn das Instrument: Wer es finde, solle schwer bestraft werden. Der Satyr Marsyas fand die Flöte unter einem Baum ...

Protinus Marsyas tibia canere[1] temptavit. Primo sonos turpiores tantum effecit; sed iam brevi sonos dulciores fudit. Iam putabat se hoc artificium tam bene didicisse, ut etiam Apollinem vincere posset. Ergo deum clarissimum adiit dicens: „Aio me tam bene tibia canere posse quam te. Itaque contende mecum de victoria!“

*Minerva, Marsyas, eine sitzende Muse, Apollo und die Siegesgöttin Victoria (v.l.n.r.). Römisches Marmorrelief. 2. Jh. n.Chr.*

[1] tibiā canere auf der Flöte spielen

Apollo hoc superbissimum responsum dedit: „Quis es, minime homo, ut te cum maximo deo compares? Estne tibi audacia eiusmodi? Mihi est regnum artium pulchrarum. Nonne intellegis te humano genere, me deum immortalem esse? Tamen tecum pugnabo. At audi condicionem meam: Tu tibiam habebis, ego lyram[1]. Si me superaveris, magnas opes, immo divitias regias accipies. Sed si victus eris, te clades acerbissima manet: Tot dolores sustinebis, quot nemo iam acceperit." His verbis auditis Marsyas territus non est; tanta spes erat certae victoriae. Extra modum gaudens tibia canere[2] coepit. Cum Apollo sonos dulcissimos audiret, de victoria sua dubitabat.

Itaque dolo turpissimo novam condicionem addidit: „Id, quod agis, artificium non est. Tempta laborem difficiliorem! Num ad tibiam[3] cantare potes?" Marsyas dolum malum dei non animadvertit – iam victus erat: Apollo enim eodem tempore et lyra[1] canere et voce cantare potuit. Tum deus ridens ait: „Num adhuc bono animo es, homo summae audaciae? Te poena gravissima dignum iudico: Nam tantam audaciam habes, quanta homini numquam licet. Omnes demum testes erunt te nimis magnam gloriam petivisse." Profecto fatum acerbissimum homini misero instabat. Apollo deus eum in vincula dedit et deglubere[4] coepit. Marsyas miser ingentem clamorem sustulit. Constat sanguinem eius in Marsyam fluvium mutatum esse.

*Johann Liss: Die Häutung des Marsyas durch Apollo. 17. Jh. Moskau, Staatliches Puschkin-Museum der Bildenden Künste.*

[1] lyra die Leier – [2] tibiā canere auf der Flöte spielen – [3] tibia die Flöte – [4] dēglūbere häuten

# 3 Theseus und Prokrustes

C 74

Der Held Theseus wuchs bei seiner Mutter Aithra in Troizen auf. Erst als Jugendlicher hörte er, dass der König von Athen, Aigeus, sein Vater war. Alsbald machte er sich auf den Weg dorthin, um ihn kennenzulernen. Wie sein Vorbild Herkules brachte er während dieser Reise viele Räuber, Wegelagerer und Riesen zur Strecke.

Procrustes tum prope Athenas vitam agebat. Erat homo crudelissimus; longior erat quam arbor alta. Cum homines iter facientes semper eodem dolo falleret, tamen nemo umquam eius scelera animadvertit. Cum plurimi hospitium[1] respicerent, iste humanitatem omnino neglexit. Cum aliqui vir urbem petens domum Procrustis praeteriit, is e domo sua exiit et dulcissima voce dixit: „Salutem tibi dico, amice! Video, miserrime, te longo itinere laborare. Ecce! Nox mox aderit. Cum difficillimum sit in tenebris iter perficere, nocte hic manere et una mecum cenare potes. Prima luce melius erit in urbem pervenire. Intra tectum meum! Cur dubitas?“

Plurimi cupiditate cenae commoti domum inibant. Hoc hominibus miserrimis initium calamitatis erat. Cum enim pleni ciborum quiescere vellent, Procrustes: „Video“, ait, „te maiorem lecto[2] esse. Equidem tibi adero.“ Sceleratus cum haec verba dixisset, miserrimo pedes abscidit[3]. Si quis brevior lecto fuit, corpus eius tanta vi longius factum est, ut homo miser periret.

Etiam Theseus iuvenis domum Procrustis intravit ibique cenavit. Post cenam vir pessimus Theseum ad lectum[2] duxit dicens: „Video te maiorem esse quam lectum, hospes[4]! Sed hoc solacio tibi esse potest: Gladio acerrimo te breviorem faciam.“ At iuvenis optimus celerior Procruste erat; contigit ei, ut prior gladium corriperet et sceleratum necaret. Morte Procrustis audita omnibus magnum gaudium erat. Cuncti Theseo gratiam agebant, quod se tam fortem praestiterat.

---

[1] hospitium die Gastfreundschaft – [2] lectus das Bett – [3] abscindere, abscindō, abscīdī abschneiden – [4] hospes, itis der Gast, der Fremde

*Theseus tötet Prokrustes. Griechische Vasenmalerei.*
*Um 420 v. Chr. University of Oxford, Ashmolean Museum.*

# 4 Ariadne auf Naxos

C 75

Wenig später traf Theseus seinen Vater Aigeus in Athen, musste aber bald ein neues Abenteuer auf der Insel Kreta bestehen: die Tötung des Ungeheuers Minotaurus, das in den dunklen Gängen eines Labyrinths sein Unwesen trieb. Die kretische Königstochter Ariadne ermöglichte Theseus mit einem roten Faden die Rückkehr aus dem Labyrinth. Mit Ariadne an Bord floh Theseus über das Meer nach Athen – mit einem Zwischenaufenthalt auf der Insel Naxos. Doch als Ariadne im Morgengrauen aufwacht, ist sie alleine am Strand …

Ariadna Theseum quaerens diu per litus errabat neque tamen illum inveniebat. Celeriter summum montem petebat. Nam ex eo loco praeclare omnem regionem spectare poterat. Profecto in alto mari navem Thesei aspexit. Tum maximo odio commota clamavit:

„Quo fugis, vir pessime et callide? Redi ad me! Cur me crudeliter relinquis in insula, quae omni cultu atque humanitate caret? Animalia saeva maiorem clementiam colunt quam tu. Non putabam tam corruptos mores tibi esse. Me turpiter fallebas, cum in sermone nostro diceres: ‚Vehementer a me amaberis; una mecum bene usque ad finem vitae vives.' Num mortua sum? Nonne mihi melius est mortuam esse quam vivere? Quod tibi libet, mihi non libet: In patriam redire non iam potero, numquam viro nubam. At amore exstincto mortem non iam timeo. Iniquum fatum me hic manet. Quis scit, num haec insula leones alat? Si in ista insula periero, nemo mortem meam flebit. At tu, Theseu, in patriam feliciter rediens maximis cum honoribus recipieris. Poetae diligenter facta tua laudabunt, Theseu! Libenter de Minotauro et de periculis labyrinthi (!) narrabis, sed de me nihil dices. Vos autem, dei, auxilio voco; nam vestra refert iustitiam[1] colere et controversias[2] componere. Etsi oratio mea aequa non aeque valet, tamen ego non minore honore digna sum quam Theseus. Nisi posteros de te pessimam opinionem habere vis, Theseu, verte navem! Audi preces meas, vir crudelissime!"

[1] iūstitia die Gerechtigkeit – [2] contrōversia der Streit(fall)

*Die verlassene Ariadne. Römische Wandmalerei aus Pompeji.*
*1. Jh. n. Chr. Neapel, Museo Nazionale Archeologico.*

Theseus tristis in nave stetit; neque enim sponte sua, sed potestate divina coactus Ariadnam in insula reliquerat. Bacchus enim amore puellae optimae captus erat.

Bacchus erschien wenig später der verzweifelten Ariadne und machte sie zu seiner Frau. Theseus vergaß in seiner Trauer über den Verlust der geliebten Frau, das weiße Segel zu setzen, das er mit seinem Vater Aigeus als Zeichen seines Überlebens ausgemacht hatte. Als Aigeus das Schiff mit schwarzem Segel in den Hafen von Athen einlaufen sah, beging er aus Trauer über den vermeintlichen Tod des Sohnes Selbstmord. Seither heißt das Meer, in das er sich stürzte, Ägäis.

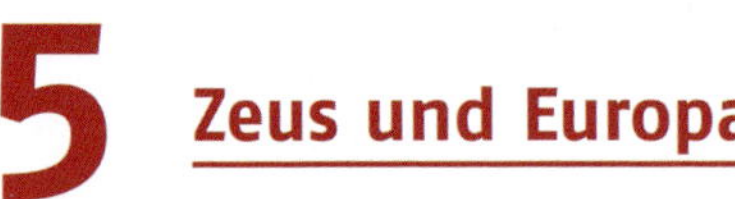

# 5 Zeus und Europa

C 76

Europa war die Tochter des phönizischen Königs Agenor. Eines Tages spielte das hübsche Mädchen mit seinen Freundinnen am Strand ...

Iuppiter cum ex alto caelo virginem quandam vidisset, amore vehementer commotus est: Europam rapere statuit. Ergo Mercurium arcessivit eique dixit: „Descende de caelo et pete regnum Agenoris! Ibi in montibus videbis tauros quosdam: Eos ad litus ages.“ His verbis dictis Iuppiter in taurum pulchrum mutatus in turba taurorum latebat – Mercurio nesciente. Sic specie mutata cum ceteris tauris a Mercurio, qui imperio patris pie parebat, ad litus ductus est.

Statim Europam conspexit et eam adiit. Puella pulchra perterrita animal attingere noluit; sed amicae iam adfuerunt taurumque tangentes dixerunt: „Numquam animal tam praeclarum vidimus!“ Quaedam ex amicis dixit: „Ecce, Europa! Puto taurum te portare velle. Ne cessaveris te tergo eius imponere! Cave autem, ne cadas!“ Iam Europa in tauro sedebat. Amicae gaudebant et ridebant, cum subito animal surrexit et ad mare currere coepit. Amicae taurum mare inire et medias per undas natare[1] viderunt.

Taurus virginem perterritam his sententiis confirmare temptavit: „Noli timere, Europa! Amoris causa te de litore patrio deduxi. Exspecta fortiter res futuras! Nam fortuna felix te manebit.“ Europa: „Quisnam es, taure, ut voce humana dicere possis?“ Cum autem taurus taceret, puella rogavit: „Cur tam durus es? Quid peccavi?“ At animal nihil dixit; paulo post ad insulam pervenerunt. Taurus puellam reliquit. Europa in litore relicta tristis erat. Subito quidam vir homine pulchrior ante eam stetit dicens: „Ne metueris, virgo pulcherrima! Sum rex huius insulae, quae Creta nominatur. Servabo te, si mihi nubere vis.“ Statim Europa cognovit tauro eandem vocem fuisse.

[1] natāre schwimmen

*Paolo Veronese: Der Raub der Europa. 16. Jh. Venedig, Dogenpalast, Sala Anticollegio.*

At gaudium puellae breve erat. Mox enim a viro relicta in litore stabat. Acerbe flens: „Num dei“, ait, „tam triste exilium sinent? Num id, quod mihi accidit, iustum[1] est? Numquam deos laesi.“ Subito vocem audivit. Venus dea aderat: „Europa“, ait, „ne tristis fueris! Noli lacrimas fundere! Iuppiter ipse, pater deorum, maritus tuus est. Itaque immortalis eris; tu enim huic parti orbis terrarum nomen tuum dabis.“

---

[1] iūstus, a, um gerecht

# 6 Tantalus

C 77

Tantalus, rex dives et potens Lydiae, filius Iovis erat. Summus deus ei concesserat in numero deorum cenare. Sed Tantalus tali honore indignus erat. Neque enim eum puduit hominibus omnia narrare, quae dei immortales ei commiserant. Id facinus magnum fuit; sed Tantalus maius facinus commisit.

Tanta fuit audacia eius, ut ingenium deorum probare vellet. Huius facinoris eum non pudebat: Filium suum necavit, partes corporis ut cibos in mensa posuit, deos in aedes suas vocavit, ut secum cenarent. Profecto Ceres dea nesciens umerum pueri cenavit. Ceteri dei incredibile crimen patris impii intellexerant. Itaque cibos non attigerunt. Unus ex eis clamavit: „Adulescens miser statim in vitam redeat! Umerus laesus restituatur! Ne cessaveritis, comites! Reddamus adulescenti misero vitam! At pater ferus gravem poenam solvat! Demus Tantalum in vincula! Iste solus in custodia vitam durissimam agat!“

Profecto dei adulescentem servaverunt eique umerum ex argento factum donaverunt. Tum Iuppiter irae plenus clamavit: „Qui furor te cepit, Tantale fili? Superi homini, qui tale scelus commisit, numquam ignoscent. Censeo te nimium peccavisse. Itaque iure optimo novum genus poenae inveniamus!“ His verbis dictis Tantalum ad inferos duci iussit.

Ibi ille media in aqua stare coactus est. Cum bibere cupiebat, aqua semper ab ore[1] eius cedebat, ut sitim[2] ingentem numquam exstinguere posset.

*Tantalus. Französischer Kupferstich aus dem 17. Jh. Paris, Privatsammlung.*

[1] ōs, ōris *n* der Mund – [2] sitis, is *f* der Durst

Et supra[1] caput eius arbor erat plena fructuum[2] dulcium. Sed cum Tantalus eos attingere cupiebat, fructus a manibus eius recedebant[3]. Sic Tantalus poenam aeternam usque ad hunc diem solvit.

# 7 Phaëthon

C 78

In seiner Heimat ging das Gerücht um, der Jüngling Phaëthon sei ein Sohn des Sonnengottes Helios. Da seine Mutter aber eine Menschenfrau war, glaubten einige seiner Freunde nicht an die göttliche Abkunft, was den jungen Mann sehr kränkte. Um Klarheit zu schaffen und Beweise für seine hohe Abstammung zu erhalten, macht Phaëthon sich auf den Weg zum Palast des Sonnengottes ...

Iuvenis cum altum tectum Solis intravisset, primo non credidit, quod vidit: Et mensae et tabulae ex auro factae erant. Sol deus more regis in solio[4] aureo sedebat. Magna voce ex adulescente quaesivit: „Quae causa te huc adduxit, fili? Quid in tecto patris petis, Phaethon?“ Iuvenis respondit: „O pater, o clara lux orbis terrarum, iniuria coactus ad te venio.“ „Dic, quid velis!“ „Utinam ne homines improbi semper haec de me narrarent: ‚Estne iste iuvenis filius dei an falsa dicit?‘. Velim mihi signum des, quo istis demonstrare possum me genere divino esse.“

Tum Sol surrexit filiumque manibus attigit: „Cunctis hominibus dicam te filium meum esse. Diligo te, fili! Sed ne ipse dubites, opta tibi, quod vis!“ Vix pater finem orationis fecerat, cum filius dixit: „Utinam concedas mihi, pater, quadrigas[5] aureas tuas et equos celeres regere!“

Sol his verbis perturbatus respondit: „O iuvenis levis, nonne scis, quam difficile sit has quadrigas[5] aureas et equos regere? Cur opus tam grave desideras? Ne Iuppiter quidem, qui cunctis deis imperat, hoc officium praestare potest. Ego solus quadrigas aureas per vias caeli regere possum.

[1] suprā *Präp. m. Akk.* über – [2] frūctus, ūs die Frucht – [3] recēdere, recēdō, recessī, recessum zurückweichen – [4] solium der Thron – [5] quadrīgae, ārum *f Pl.* das Viergespann

*Sebastiano Ricci: Der Sturz des Phaëthon. 1704. Belluno, Museo Civico.*

Phaethon, crede mihi: Ego ipse ingenti timore commoveor, cum in quadrigis[1] stans de caelo alto mare terrasque aspicio. Nulla voluptas est equos forti manu retinere. Vix mihi animalia fera parent!“ Phaethon cum id optare non desineret, Sol vultu aspero dixit: „Non honorem, sed perniciem tibi optas. Vellem omitteres hoc consilium stultum! Opta potius aliud, si me diligis! Dabo tibi omnia, quae desiderabis.“

Sed adulescens parere noluit. Tum pater intellexit se animum filii flectere non posse. Itaque eum ad quadrigas[1] duxit et magno cum gemitu monuit: „Utinam ne viam mediam deseras! Tene medium cursum!“ Sed Phaethon iam in quadrigis stetit equosque per aerem volare iussit. Iuvenis laetus primo gaudebat, deinde autem ingenti metu commotus clamavit: „Utinam verbis patris paruissem! Utinam ne hoc vitium fecissem! Frena[2] vix tenere possum! Equi acres modo in aliam, modo in aliam regionem volant et igne[3] omnia delent!“ Mox totus orbis terrarum[4] igne deletus esset, nisi Iuppiter terram hominesque servavisset. Phaethon autem de alto caelo in terram cecidit. Hac re aspecta Sol vultu tristi mortem filii flebat.

---

[1] quadrīgae, ārum *f Pl.* das Viergespann – [2] frēnum der Zügel – [3] ignis, is das Feuer – [4] orbis terrārum der Erdkreis

# 8 Aktäon

C 79

König Agenor habt ihr bereits als Vater der Europa kennengelernt. Sein Sohn war Kadmos, der sagenhafte Gründer der Stadt Theben. Dessen Enkel wiederum war Aktäon, von dem die folgende Geschichte handelt ...

Actaeon adulescens comitesque quondam in silvam ibant animalia fera capturi. Plurimis animalibus captis Actaeon signum dedit comites uno loco collecturus. Paulo post comitibus collectis dixit: „Maximam praedam fecimus! Desinamus bestias capere! Cenate et confirmate corpora cibo! Ceterum ego umbram arboris quaeram quieturus.“ Tum Actaeon in longa spatia silvae abiit.

Paulo post in regionem Dianae deae sacram pervenit. Illic altae arbores parvum sacrum circumdabant. Eum locum pulchrum dea cum nymphis[1] adierat. Iam dea nobilis vestem deposuerat in aqua fontis se recreatura[2], cum subito Actaeon adfuit. Protinus nymphae vehementer perterritae clamaverunt et corporibus suis deam nudam tegere temptaverunt. Actaeon ut statua stetit, nihil dixit, deam tantum spectavit. O infelicem iuvenem! Quin fugisti? Cur limitem vetitum transisti?

Sed iam Diana Actaeonem conspexerat. Voce acerrima dixit: „Adulescens stulte, legem divinam rupisti. Non licet homini deam sine veste videre. Certe comitibus tuis id, quod vidisti, narraturus es. Cavebo autem, ne hoc flagitium facias! Hoc dicere restat: Poena gravi te afficiam, ut homines semper memores sint legum divinarum.“ His verbis dictis virum miserum in cervum[3] convertit. Actaeon magno metu motus in silvam fugit. Cum in aqua fontis videret se in animal mutatum esse, perterritus aliquid dicturus erat, sed vocem barbaram tantum audivit. Secum cogitabat: „Qui hoc accidere potuit? Utrum in silva manebo an ad comites redibo? Num amici me cognituri sunt?“

[1] nympha die Nymphe (weibliche Gottheit niederen Ranges) – [2] sē recreāre sich erfrischen – [3] cervus der Hirsch

*Giuseppe Cesari: Diana und Aktäon. 17. Jh. Paris, Musée du Louvre.*

Dum haec animo volvit, canes[1] cervum[2] aspexerunt. Actaeon miser clamavit: „Ne me laeseritis! Nonne me cognoscitis? Ego sum dominus vester!“ Sed canes dominum non cognoverunt. Sine ulla[3] mora ad illum ruunt praedam facturi. Ille autem plurimis vulneribus affectus crudeliter periit.

---

[1] canis, is *m* der Hund – [2] cervus der Hirsch – [3] ūllus, a, um irgendein

# 9 Pyramus und Thisbe

C 80

Pyramus iuvenis Thisbem virginem amabat et ab eadem amabatur. Sperabant nuptias[1] inter se futuras esse. Sed quamvis ambo in domibus contiguis[2] habitarent, patres amantes convenire vetabant. Igitur ambo, quia palam convenire non poterant, per rimam[3] parietis[4] occulte sermones habebant.

Quondam Pyramus virgini consilium coniurationis aperuit: „Facit amor incendium. Quotiens tuam vocem dulcem audio, gaudeo. Vitam in otio agere non iam volo. Necesse est nos mox conventuros esse. Itaque te oro, ut nocte domum patris relinquas et ad sacrum accedas, quod est ante urbem. Ibi fontem et altam arborem videbis.“ Hoc consilium virgini satis placebat; media nocte e domo abiit, locum facile invenit.

Cum Pyramus nondum adesset, Thisbe sub alta arbore consedit putans familiarem mox venturum esse. Subito autem leo ore[5] cruento[6] ad fontem accessit. Puella perterrita celeriter surrexit et in silvam fugit se conservatura. Leo vestem puellae sub arbore relictam ore attigit et sanguine affecit. Tunc abiit. Post autem Pyramus accessit et vestem sanguinis plenam invenit.

*John William Waterhouse: Thisbe. 1909. London, Sotheby's.*

[1] nūptiae, ārum *f Pl.* die Hochzeit – [2] contiguus, a, um angrenzend – [3] rīma die Ritze, der Spalt – [4] pariēs, etis *m* die Wand – [5] ōs, ōris *n* das Maul – [6] cruentus, a, um blutig

Cum puellam amatam mortuam esse existimaret, misera voce clamavit: „Mea culpa peristi, Thisbe! Si prior adfuissem, te certe a fame bestiae conservavissem!“ Et haec verba addidit: „Constat me hanc vitam tristem vivere non iam velle. Una nox duos amantes perdet.“ His verbis dictis gladio se necavit.

Ecce! Iam Thisbe rediit Pyramum tandem conventura eique de magno periculo narratura. Cum iuvenem mortuum in terra iacere videret, lacrimas fundens clamavit: „Pyrame, quae mala fortuna te perdidit? Dic, Pyrame, audi, aperi oculos! Tua Thisbe te vocat!“ Cum iuvenis nomen virginis dilectae audiret, oculos aperuit et dicere temptavit, sed morte oppressus est.

Tum puella gladium aspiciens dixit: „Constat me post mortem amici felicem non iam futuram esse. Etsi pater me Pyramo nubere vetuit, non vetare poterit mortem nos iuncturam esse.“ Vix ea verba dixerat, cum gladio se interfecit.

Die erschütterten Eltern begruben die Asche der beiden in einer einzigen Urne, sodass sie tatsächlich im Tode vereint waren.

*Andreas Nesselthaler: Pyramus und Thisbe. 1795. London, Sotheby's.*

# 10 Phädra

C 81

Nach dem Tod seines Vaters (↗ Kap. 4) wurde Theseus König in Athen. Mit seiner Frau Hippolyte hatte er einen Sohn namens Hippolytos. Als seine Frau starb, heiratete Theseus Phädra, die jüngere Schwester der Ariadne.

Theseus Phaedraque multos annos felicissime una vixerant, cum subito Phaedra vehementius amore Hippolyti capta est. Dum Theseus maritus abest, Phaedra filium eius frequentius visere studebat. Phaedra, quamquam sciebat se turpius agere, plurimum consiliis amicae credidit. Illa mulier improba non solum Phaedram ad amorem Hippolyti semper excitabat, sed etiam iuveni persuadere temptabat, ut is Theseum patrem proderet eumque quam celerrime e regno pelleret.

At filius his consiliis perterritus Phaedrae occurrere noluit. Itaque se in sacrum Dianae deae recepit[1], ut istic patrem redeuntem exspectaret. Phaedra autem timens, ne Theseus rediens consilia turpia animadverteret, se necare decrevit. Praeterea odio Hippolyti commota iuvenem crudelissime perdere cupivit. Ergo hanc epistulam ad Theseum scripsit:

„Salutem tibi dicit Phaedra, uxor tua optima. Cum eam epistulam inveneris, non iam vivam. Cognosce scelus, quod filius tuus commisit! Is improbus potestatem regiam tuam prehendere et possidere vult. Itaque iste consilium cepit te aut necare aut e regno pellere. Plus peccavit: Etsi fortius resistebam, non desinebat me uxorem suam nominare. Cum autem cognosceret me fidem uxoris bonae servaturam esse, me coegit, ut manu mea mortem subirem. Vale, marite optime, memor mei! Cave autem diligentissime filium!“

[1] sē recipere  sich zurückziehen

*Alexandre Cabanel: Phädra. 1880. New York, The Granger Collection.*

Profecto paulo post Theseus hanc epistulam in dextra uxoris mortuae invenit. Tanto furore affectus est, ut manus ad caelum tenderet et Neptunum deum oraret: „Cura, ut filius impius mox pereat!“ Cum Hippolytus aditum ad patrem peteret, Theseus filium a se prohibuit et in exilium misit. Celerius quam pater putaverat, filius occisus est. Cum Hippolytus enim patriam relinquens currum[1] in litore regeret, Neptuno auctore ingens monstrum e mari surrexit. Equi conspectu monstri perterriti celerius cucurrerunt, Hippolytus de curru cecidit, corpus eius per litus tractum est. Membra eius longe lateque dispersa[2] in litore iacebant. Sic Theseus infelix uno die et uxorem et filium amisit.

---

[1] currus, ūs der Wagen – [2] dispersus, a, um verstreut

# 11 Jason raubt das Goldene Vlies

C 82

König Pelias von Thessalien trug dem jungen Helden Jason auf, aus dem märchenhaften Land Kolchis das Goldene Vlies zu holen – ein goldenes Widderfell, dem magische Kräfte nachgesagt wurden. Wenn Jason die Erbeutung des Vlieses gelänge, wolle Pelias ihm den Thron von Thessalien überlassen. Insgeheim hoffte Pelias aber, dass der junge Mann bei diesem gefährlichen Unternehmen umkommen werde. Nach vielen Abenteuern erreichten Jason und seine Mannschaft mit dem Schiff Kolchis. Der dortige König Aietes ließ das Goldene Vlies strengstens bewachen. Glücklicherweise hatte Jason aber die Königstochter Medea, die sich sogleich in ihn verliebt hatte, auf seiner Seite ...

Medea, ne quis amorem cognosceret, occulte domum patris reliquit. Nocte ad navem Graecorum pervenit. Ibi Iasoni dixit: „Audivi te cupidum pugnandi esse. Multi narrabant te maxime idoneum ad pugnandum esse. At pugnando nihil contra draconem[1] efficies. Draco enim animal immortale est. Is pellem[2] auream, quam rapere vis, ab omnibus defendit. Sed ne desperaveris! Ego tibi mea arte fallendi adero. Sic pellem auream in patriam deduces."

His dictis auditis Iason laetus manum Medeae prehendit et: „Haec dicta tua", inquit, „paene diva sunt. Gratissimum est te mihi adesse. Adeamus nunc periculum! Nocte facilius erit draconem[1] superare." Tum celerrime e nave alta in litus descendit. Paulo post una cum Medea silvam intrabat; raro nox lucem dabat. Ambo per tenebras ibant, cum subito ingenti igne perterriti sunt. Ante eos stetit ingens draco, qui secundum naturam suam magnas flammas[3] ex ore[4] misit. Non iam fuit tempus cogitandi: Medea quam celerrime draconi cibum venenatum[5] obiecit. Tum Iason et Medea post arborem se receperunt spectaturi, quid draco faceret. Bestia primo nec se movit nec cibum attigit; subito autem cibum de terra carpsit. Brevi tempore animal saevum somno alto oppressum est. Tum Iason pellem[2] auream corripuit.

[1] dracō, ōnis *m* der Drache – [2] pellis, is *f* das Fell, das Vlies – [3] flamma die Flamme, das Feuer – [4] ōs, ōris *n* das Maul – [5] venēnātus, a, um vergiftet

*Christian Daniel Rauch: Jason und Medea. Marmorrelief. 1810–20. Berlin, Staatliche Museen, Nationalgalerie.*

Ambo cum felices ad navem redissent, comites Iasonis pellem[1] auream iterum atque iterum spectabant. Adeo[2] in spectando occupati erant, ut vix verba Iasonis audirent: „Audite, comites! Vincendi causa huc pervenimus. Profecto vicimus: Medea iuvante draco[3] superatus est. Pelle rapta nunc Peliae regi succedere[4] mihi licet. Medea uxor mea erit, si dei nos in patriam redire siverint. Sed nolite cessare! Relinquamus hanc terram non iucundam! Pergamus per undas in patriam!“ Quamquam Aietes rex multis navibus Iasonem comitesque comprehendere temptavit, Graeci effugerunt.

In der Heimat angekommen, konnte sich König Pelias nicht weigern, seinen Thron für Jason freizumachen. Wie versprochen, heiratete Jason Medea.

---

[1] pellis, is *f* das Fell, das Vlies – [2] adeō *Adv.* so sehr – [3] dracō, ōnis *m* der Drache – [4] succēdere (nach)folgen, nachrücken

# 12 Niobe

C 83

Niobae, reginae[1] Thebarum, summa voluptas erat se ipsam laudandi. Extra modum corpus, mentem, opes suas laudabat. Semper dixit se mulierem grandem et egregiam esse. Habuit enim multitudinem liberorum – septem filios et septem filias.

Quondam virgo, quae erat custos templi Latonae deae, consilium cepit feminas Thebanas[2] convocandi. Itaque per vias urbis cucurrit vocans: „Feminae, venite in templum Latonae, praebete vos pias, deae sacrum facite!" Paulo post multae feminae sacrum facturae aderant. Vix sacrum in templo confecerant, cum subito Nioba regina[1] intravit iraque incensa clamavit: „Qui furor, feminae, vos cepit? Cur deam alienam colendo me neglegitis? Contra re alia opus est: Scire volo, utrum Latonam an me plus diligatis." Feminae probae tanta superbia perturbatae nesciebant, quo spectarent.

At regina[1] sine mora haec protulit: „Nonne scitis Tantalum patrem meum fuisse, cui cum superis cenare licebat? Nonne Iuppiter ipse avus meus est? Certe mens vestra idonea est ad diligenter cogitandum: Mihi populi Phrygiae parent, mihi ingentes opes sunt. Praeterea me spectando facile cognoscetis Niobam tam pulchram quam istam deam esse. Addite nunc magnam turbam liberorum meorum! Latonae duo tantum liberi sunt – haec est septima pars gaudii mei! Numerum liberorum comparando intellegetis me exemplum feminae vere beatae esse. Quin me potius colitis?"

His verbis auditis feminae templum statim reliquerunt. Sed Latona dea, quae cum Apolline filio et Diana filia hoc flagitium e summo monte vidisset, dixit: „Haud permittam feminam mortalem dignitatem nostram verbis violare. Afficite eam poena!" Apollo et Diana celeriter Thebas[3] volaverunt. Ante urbem filii Niobae celeriter currendo et fortiter pugnando corpora exercebant. Apollo artem suam tela mittendi ostendit omnesque adulescentes interfecit.

---

[1] rēgīna die Königin – [2] Thēbānus, a, um aus Theben, thebanisch – [3] Thēbās nach Theben

Hoc nuntio ad Niobam relato regina[1] statim accessit. Flens: „Gaude“, inquit, „Latona crudelis, quod mihi septem filios rapuisti. Gaude, quod vicisti!“ Sed paulo post diversa mente clamavit: „Num dixi te vicisse, dea? Certe non vicisti: Plures adhuc liberos habeo quam tu.“ Vix regina haec verba audaciae plena dixerat, cum Diana adfuit filiasque Niobae celeribus telis omnes praeter[2] unam necavit.

Das Übermaß ihres Schmerzes ließ Niobe zu einer Felswand versteinern; wo aus dem Steinmassiv Sturzbäche hervorbrachen, vermutete man ihre Augenhöhlen.

*Andrea Camassei: Der Tod der Niobiden. 17. Jh. Rom, Galleria Nazionale d'Arte Antica.*

---

[1] rēgīna die Königin – [2] praeter *Präp. m. Akk.* außer

# 13 Die lykischen Bauern

C 84

In Kapitel 12 habt ihr gelesen, wie Apollo und Diana im Auftrag ihrer Mutter Latona gegen menschlichen Hochmut vorgingen. Die folgende Geschichte zeigt das Geschwisterpaar als Säuglinge zu der Zeit, als Latona Probleme mit Juno hatte: Diese war eifersüchtig, weil Latona von Junos Mann Jupiter geschwängert worden war. Aus Rache verbot Juno allen Ländern, die Nebenbuhlerin aufzunehmen. So musste Latona heimatlos umherirren ...

Aestas erat, sol ardebat[1]. Latona dea cum duobus liberis per ultimam Lyciam errabat. Mater laboribus itineris confecta vix ire poterat. Praeterea liberi miseri flebant et clamabant, quia magna siti[2] torquebantur. Tandem mater stagnum[3] in campo conspexit. Ergo celeri pede illuc properavit.

Cum prope esset, medio in stagno rusticos[4] calamos[5] colligentes stare vidit. Cum dea aquam bibere vellet, viri improbi feminam miseram a stagno[3] prohibebant: „Quid tibi vis, mulier? Sibi quisque proximus est. Discede!“ Latona sperabat se his verbis eos permoturam esse: „Haud aequum est vos me ab aqua prohibere. Usus aquae communis est. Cuique licet aquam bibere. Natura enim solem, aerem, aquam omnibus dedit. Itaque peto, ut mihi aditum ad aquam praebeatis. An timetis, ne furtum aquae faciam? Tantum bibere cupio. Num pudor vester periit? Nonne parvi liberi vos movent? Nonne eos incolumes futuros esse vultis? Afferte eis aquam! Ne abstuleritis eis vitam!“

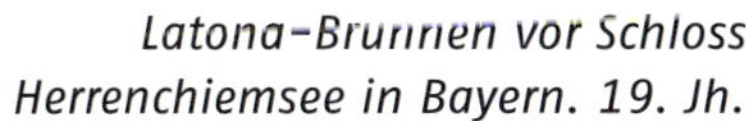

*Latona-Brunnen vor Schloss Herrenchiemsee in Bayern. 19. Jh.*

[1] ārdēre brennen – [2] sitis, is *f* der Durst – [3] stāgnum der Teich – [4] rūsticus der Bauer – [5] calamus das Schilfrohr

Sed viri duri ne precibus quidem matris permoti sunt. Immo constat pessimum quemque etiam hoc flagitium addidisse: Et pedibus et manibus aquam ita perturbabant, ut bibi non iam posset. Hac re incredibili animadversa Latona plena furoris clamavit: „Oro, superi, ut isti scelerati semper in hoc stagno[1] vivant. Opto, ut omnibus, qui leges sanctas humanitatis laeserint, poenam afferatis.“ Et statim res mira accidit: Dei rusticos[2] in ranas[3] converterunt. Etiam vox cuiusque viri mutata est. Quamvis essent sub aqua, sub aqua maledicere[4] temptabant.

*Cornelis van Poelenburg: Latona und die lykischen Bauern. Um 1620. Florenz, Opificio delle Pietre dure.*

[1] stāgnum der Teich – [2] rūsticus der Bauer – [3] rāna der Frosch – [4] maledīcere schimpfen

# 14 Philemon und Baucis

C 85

Quondam Iuppiter et Mercurius de caelo in terram descenderunt, quia hospitium[1] hominum probare decreverant. Ambo speciem et formam humanam habebant, ne quis deos suspicari posset. Multorum domos adierunt et precati sunt, ut cibus sibi daretur. Nemo vero preces audivit, nullius porta patuit. Iuppiter ira incensus dixit: „Hercule, multa iam vidi, sed hominum mores intellexi parum. Paene suspicor cunctos homines tam duram mentem habere. Sed vide hanc parvam domum, quae procul a ceteris est, Mercuri! Temptemus ibi fortunam!“

Vix summus deus manu portam tetigerat, cum subito patuit. Philemon senex familiari voce hospites[2] salutavit eosque incedere permisit. Intus Baucis uxor hospites vultu laeto recepit: „Salvete, viri! Arbitror vos post iter longum quiescere velle. Itaque considite et moramini apud nos!“ Tum ad ignem abiit cenam paratura. Dum femina spiritu[3] flammas[4] alit, maritus fructus[5] dulces arcessivit.

Paulo post Philemon memoravit: „Libenter fatemur, hospites[2] cari, nos divites non esse. Sed pollicemur nos vobis omnia daturos esse, quae possidemus.“ Post cenam Philemon hospitibus vinum, quod ipse paraverat, dedit. Deis parvum convivium placebat; maxime autem gaudebant, cum vultus familiares amborum tuebantur. Cognoverunt enim Philemonem et Baucidem bonos homines esse. At ii nesciebant se cenam parare deis; senes probi rati sunt homines ad se venisse.

Mirum autem erat, quod pocula[6] sua sponte iterum atque iterum complebantur, quamvis nemo vinum novum intulisset. Tunc demum senes senserunt deos hanc rem miram effecisse. Statim superos his verbis veriti sunt: „Ignoscite nobis, dei immortales, quod vobis tam parvam cenam praebuimus.“ His verbis dictis Philemon per portam properavit anserem[7] capturus, necaturus, ad cenam paraturus. Sed senex, quamquam animal celere comprehendere cupivit, capere non potuit. Postremo anser ad deos fugerat.

---

[1] hospitium die Gastfreundschaft – [2] hospes, itis der Gast, der Fremde – [3] spīritus, ūs der Atem – [4] flamma die Flamme, das Feuer – [5] frūctus, ūs die Frucht – [6] pōculum der Becher – [7] ānser, eris *m* die Gans

*Peter Paul Rubens: Jupiter und Merkur bei Philemon und Baucis. Um 1620/25. Wien, Kunsthistorisches Museum.*

Iuppiter ridens dixit: „Gratiam habemus vobis, senes probi! Profecto dei sumus. Ad terram descendimus, ut virtutem hominum cognosceremus. Sed praeter vos cuncti mortales mentem duram habent. Isti igitur gravi supplicio digni sunt. Ne veriti sitis! Vos tuebimur, quia et humanitatem et deos veremini. Relinquite celeriter hanc domum, ut servemini!“ Brevi tempore Philemon et Baucis in summo monte morabantur; eo loco viderunt totam regionem circum se sub aqua condi. Denique parvam domum suam in templum aureum mutatam aspexerunt.

So hatte Jupiter die Gastfreundschaft beider belohnt. Die Alten lebten noch lange als Hüter des Tempels, bis sie auf ihren Wunsch hin zugleich starben und als Sinnbild ehelicher Liebe in einen Baum mit zwei Stämmen verwandelt wurden.

# 15 Pygmalion

C 86

Die Göttin Venus entstand aus dem Schaum des Meeres. Als erstes Land betrat sie die Insel Zypern, die der Antike als ihr Geburtsort galt und auf der sie besonders verehrt wurde.

In ea insula Pygmalion artifex[1] vitam agebat. Qui sine coniuge vivebat, quia plurima vitia feminarum querebatur: Alia puella, ut ille ratus est, fidem non servabat, alia cupidior pecuniae erat, alia sibi haud satis pulchra erat.

Quondam Pygmalion molitus est pulcherrimam statuam virginis efficere. Per totum annum huic operi se dabat. Hoc bene evenit: Cuncti homines, qui hanc statuam postea viderunt, eam virginem fere vivam[2] esse arbitrati sunt. Artifex ipse tanto amore statuae incensus est, ut eam non solum tangeret, sed etiam cum ea loqueretur. Oscula[3] quoque statuae dedit, munera illi donavit, corpus pulcherrimum variis vestibus ornavit. Nocte statuam prope se posuit, tamquam illa quiescere posset.

Cum dies Veneris sanctus adesset, cuncti in templum conveniebant, ut deam vererentur. Etiam Pygmalion prima luce ad sacrum Veneris pervenit. Ibi ad aram constitit et oravit: Quia dare cuncta potes, diva, opto, ut mihi coniunx sit velut statua pulcherrima! Patere, dea, me hac prece consecuturum esse, ut statua mea sensum accipiat! Saepe enim auxilium tuum expertus sum.“ His precibus dictis celerrime domum rediit.

Vix statuae oscula[3] dederat eiusque corpus manibus tetigerat, cum illa oculos volvere et membra movere coepit. Pygmalion hac re mira primo perturbatus est, tum autem virginem arte factam interrogavit: „Num etiam loqui potes?“

---

[1] artifex, icis *m* der Künstler – [2] vīvus, a, um lebend, lebendig – [3] ōsculum der Kuss

*Ernest Normand (1857–1923): Pygmalion and Galatea. 1886.*

Paulo post expertus est eam loqui quoque posse. Deinde artifex[1] ex ea quaesivit: „Num currere et me sequi potes?“ Profecto illa eius vestigia secuta est. Sic Pygmalion felicissimus vir totius orbis terrarum erat. Maiorem fortunam expertus est. Venus enim hanc statuam vivam[2] ei uxorem dedit. Pygmalion tandem vita beata fruebatur.

Der Liebe zwischen Pygmalion und seiner belebten Statue entspross ein Sohn namens Paphos, der später zum Gründer und Namensgeber der Stadt Paphos auf Zypern werden sollte.

[1] artifex, icis *m* der Künstler – [2] vīvus, a, um lebend, lebendig

# 16 Herkules und die Schlangen

C 87

**Der Göttervater hatte zusammen mit Alkmene, der Frau des Königs von Theben, einen Sohn: Herkules. König Amphitryon wusste nichts von der göttlichen Abkunft des Babys, wohl aber Juno, die darüber erzürnte Ehefrau Jupiters ...**

Constat Iunonem ira commotam his verbis secum collocutam esse: „Iterum coniunx me fefellit. Iterum Iuppiter veritus, ne occasio[1] secunda omitteretur, feminam humanam sibi delegit. Utinam mihi liceret Iovem ipsum poena afficere! Sed querendo nihil efficiam; ratione agam. Iam scio, quemadmodum maritum impium violatura sim: Parvus puer, quem Alcmene peperit, animam amittat! Duas serpentes[2] mittam, quae puerum in cubiculo[3] versantem interficient, priusquam sol ortus erit."

Paulo post serpentes[2] imperio Iunonis ad Herculem profectae domum intraverant. Custodes arbitrati omnia tuta esse bestias saevas non animadverterant. Ne mater quidem prope sedens animalia senserat. Serpentes diligenter puerum quiescentem intuebantur. Tum surrexerunt longisque corporibus puerum circumdare conatae sunt. Parvus puer matre nesciente summo in periculo fuit.

Sed Hercules e somno excitatus parvis manibus animalia fera corripuit. Eorum corpora tanta vi pressit, ut serpentes spiritu carentes morirentur. Tum magnum clamorem Herculis ortum esse constat. Mater perterrita in cubiculum[3] ruit, rex custodes celeriter consequentes hortatus est: „Adeste, milites!" Rex ratus hostes puero iniuriam intulisse gladium attulerat – sed solum Herculem parvum vidit. Cuncti conspectum incredibilem mirabantur: Puer laetus in cunabulis[4] iacebat et serpentes[2] mortuas manibus tenebat.

[1] occāsiō, ōnis *f* die Gelegenheit = [2] serpēns, entis *f* die Schlange = [3] cubiculum das Schlafzimmer = [4] cūnābula, ōrum *n Pl.* die Wiege

*Pompeo Batoni: Herkules als Kind, die Schlangen erwürgend. 1743. Florenz, Galleria d'Arte Moderna.*

Rex ingentem vim Herculis parvi mirans senem sapientem arcessivit, ut eius auxilio res futuras experiretur. Senex opinatus est Herculem iuvenem e patria egressurum esse, multa animalia saeva necaturum esse, post mortem vitam aeternam consecuturum esse. Constat haec omnia eadem ratione evenisse, qua senex sapiens dixerat.

# 17 Herkules am Scheideweg

C 88

König Amphitryon ließ Herkules im Bogenschießen, Boxen, Ringen und Leierspielen ausbilden. Der berühmte Lehrer Linos lehrte ihn die Buchstabenschrift. Als dieser den Jüngling einmal geohrfeigt hatte, war der Schüler darüber so erbost, dass er seinem alten Lehrer die Leier mit solcher Wucht an den Kopf warf, dass dieser starb. Amphitryon schickte Herkules nun aus Angst vor weiteren Gewaltausbrüchen zu den Hirten auf das Land, wo er unter Gleichaltrigen eine glückliche Jugend verbrachte. Eines Tages aber ...

Sole oriente Hercules adulescens comites suos convocavit. Haec fere dixit: „Audite, amici amandi! Libenter vobiscum vivebam, diu voluptatem capiebam e laboribus duris perficiendis. Nunc autem hac ratione vitae non iam contentus sum. Etsi facile mihi non est, vos relinquam et viam novam persequar. Valete!“ Postquam a familiaribus discessit, iter longum fecit.

Cum multos dies longe progressus esset, in saxo consedit et res futuras animo volvit. Subito duas feminas accedere vidit. Altera vestem simplicem[1] habebat, altera vestem variam aureaque ornamenta gerens magna cum superbia incedebat. Pavonem[2] paene imitata est.

Quae statim loqui coepit: „Sentio, Hercules, te nescire, quam rationem vitae agendae persecuturus sis. Si meum consilium in hac re difficili decernenda secutus eris, te vita iucundissima manebit. Vacuus a curis eris, cunctae res adversae cedent. Crede mihi: Et dolore et labore et ambitione carebis, semper in voluptatibus vives. Bene cenabis, multum bibes, par deis immortalibus vives. Maximas opes sine opera consequeris, nemo umquam tibi aliquid praecipiet.“ Hac oratione habita Hercules eam rogavit, quod nomen haberet. Illa voce dulcissima respondit: „Plerique Voluptatem me nominant. A nonnullis autem Vitium appellor.“

---

[1] simplex, icis einfach – [2] pāvō, ōnis *m* der Pfau

Tum alia femina: „Ego, Hercules“, inquit, „tibi neque voluptatem falsam neque opes inanes promittam. Omnes, qui amicis veris uti volunt, amicis usui esse debent. Omnes, qui fortes esse volunt, corpore exercendo membra confirmare debent. Omnes, qui honorem sibi optant, civium conservandorum causa in re publica, non in privatis rebus versari oportet. Omnes, qui a superis diligi cupiunt, praemium desideratum summo labore consequentur. Homo enim scire debet nihil sibi a deis sine magna opera dari. Audivi te e nobili genere natum esse. Rectum est ingenium tuum. Itaque puto te ad labores subeundos idoneum esse. Ceterum si nomen meum vis audire, Virtus appellor.“ Tum haec verba addidit: „Videsne ibi viam angustam[1] et difficilem?“

Alia femina magna voce ridebat: „Cur dubitas, Hercule? Si istam viam longam et asperam cum via brevi et iucunda mea comparaveris, tibi haud difficile erit decernere. An ultro labores perferre vis?“

*Pietro Benvenuti: Herkules am Scheidewege. 1828. Florenz, Palazzo Pitti, Sala di Ercole.*

Tum Virtus dixit: „Fatere, Voluptas, te a superis vitari et ab hominibus honestis neglegi: Numquam enim beneficia hominibus praestitisti. Si me sequi statueris, Hercules, certe labores subire debebis; denique autem verum gaudium te exspectabit.“ Paulo post ambae feminae discesserant. Hercules sine mora consilio Virtutis usus est decrevitque ea duce vitam agere.

[1] angustus, a, um eng, schwierig

# 18 Achill – ein Held in Frauenkleidern

C 89

Achill ist euch bekannt vor allem als der sagenhafte griechische Held, der im Krieg gegen Troja den trojanischen Prinzen Hektor im Zweikampf tötete. Nur wenige allerdings kennen die folgende kuriose Geschichte über Achill aus der Zeit vor dem Trojanischen Krieg.

Thetis, mater divina Achillis, fortunam resque futuras filii cognoverat: Providebat enim illi bello Troiano moriendum esse. Quia mater filium a pugnando prohibitura erat, dixit: „Nisi bello Troiano mori vis, tibi fugiendum est. Arbitror enim comites Graecos te, militem fortissimum, quaesituros esse.“ Achilles consilio matris parens in regnum Lycomedis regis fugit.

Rex iuvenem pro filio adoptavit. Achilles statim veste mulieris uti consuevit, ne quis eum cognoscere posset. Etiam nomen novum accepit: Pyrrha nominabatur. Diu in ea parte domus habitabat, quae viris ingredienda non erat. Manifestum est Achillem inter tot feminas vitam iucundissimam egisse. Filia regis tanto amore eius incensa est, ut ei parvum filium pareret. Sed haud diu fortuna felix erat. Graeci enim, qui sciebant se sine auxilio Achillis Troianos numquam superaturos esse, Ulixi persuaserant ei Achillem fortem quaerendum et ad exercitum remittendum esse. Is hoc onus suscipiens quondam in insulam Lycomedis venit. Ulixes ratus Achillem ibi latere in foro insulae dixit:

„Si ades, Achilles, audi mea verba! Libenter confiteor te militem fortem esse. An miles fortis esse tantum videris? Militi forti enim officia praestanda sunt. Nonne tibi gloria cordi est? Si nobiscum Troianos viceris, nomen tuum immortale erit. Sin autem[1] id bellum clarum praeterieris, homo ignotus morieris. Gloria belli viro vero neglegenda non est. Cogita, quantum honorem omissurus sis! Intellege tibi idem faciendum esse ac nobis. Contra Troiam bellum gere! Scio te semper rem militarem agitare.“

---

[1] sīn autem  wenn aber

*Peter Paul Rubens und Anthonis van Dyck: Achilles unter den Töchtern des Lykomedes. 17. Jh. Madrid, Museo del Prado.*

Achilles etsi his verbis maxime commotus erat, se nec vultu nec voce prodidit – ut mulier in turba feminarum stetit. Tunc Ulixes intellexit sibi dolum parandum esse. Imperavit, ut medio in foro arma sub vestibus pulchris tegerentur. Dum feminae vestes mirantur, Ulixes tuba[1] signum dedit. Achilles cum tubam audiret, sine mora ad vestes ruit et arma sub vestibus condita corripuit. Ita enim instructus erat, ut tuba audita statim ad pugnandum se pararet. Scilicet Achilles, quamvis vestem mulieris gereret, ab omnibus Graecis cognitus est. Viris ridentibus tanto pudore affectus est, ut non dubitaret una cum Ulixe ad bellum gerendum proficisci.

Beschämt über das Gelächter der griechischen Soldaten, die ihn in Frauenkleidern sahen, schloss sich Achill der Kriegsflotte gegen Troja an. Wie seine Mutter vorhergesehen hatte, kam er im Trojanischen Krieg zu Tode, erwarb sich aber ewigen Ruhm als Held.

---

[1] tuba die Kriegstrompete

# 19 Mars, Vulcanus, Venus

C 91

Der Gott Vulcanus war mit der Liebesgöttin Venus verheiratet. Als er wieder einmal in seiner Schmiede unter dem Vulkan Ätna auf Sizilien zusammen mit seinen Gehilfen, den Zyklopen, Waffen und Rüstungen im Auftrag der Götter anfertigte, besuchte ihn der Sonnengott ...

Vulcanus vultu familiari Solem salutavit: „Salve, magne Sol! Numquam putavi te ad hunc locum venturum esse. Ignosce, si tenebrae, ignes clamoresve Cyclopum te sollicitant! Magnus clamor est – quippe fortissimi apud me laborant." Sol respondit: „Quaecumque hic video, Vulcane, bene a te instituta sunt. Neque vero huc veni operam tuam laudaturus. Oro te: Admitte licentiam aperte loquendi, ut nimia flagitia uxoris cognoscas."

Malleo[1] deposito Vulcanus clamavit: „Dic, quodcumque est! Mea refert scire, quae uxor mea fecerit, tametsi iucunda non erunt." Sol: „Meo iudicio Venus iam diu amore Martis ardet: Dum tu sub monte laboras, uxor domi cupidissima Martem exspectat. Venus plus libertatis sibi sumit. Neque vero omnia signa amoris tibi indicare possum, sed epistulas longas, parva dona, oscula[2] dulcia." Hac re iniusta nuntiata Sol Vulcanum miserum reliquit.

*Paolo Veronese: Mars und Venus. Um 1575/80. Turin, Galleria Sabauda.*

[1] malleus der Hammer – [2] ōsculum der Kuss

Vulcanus adeo ira accensus erat, ut malleo[1] gladium, quod creaverat, paene frangeret. Clamavit: „Uxor pessima, qualis furor te incessit? Tune Martem amas, Martem, cui ego arma in proelio utenda tradidi? Mene neglegis, qui fulmina[2] Iovis, summi dei, feci? Ubi terrarum iustitia est? Scio me neque aetatem neque nobilitatem neque potentiam Martis habere. Quidquid id est, tamen tibi non licuit me tam crudeliter laedere, Venus! Semper ego saluti tuae prospiciebam – et nunc iste pluris me est. Eiciam te, mulier pessima! Primo autem poenam iustam vobis parabo."

Opere diei confecto Vulcanus tandem domum iit. Ira oppressa cum uxore cenabat: „Cras[3]", inquit, „mihi prima luce proficiscendum est, ne reliquum tempus diei amittam. Plura opera enim conficere debeo." Profecto Vulcanus, ut dixerat, prima luce domum reliquit.

Protinus Venus Martem ad se vocavit – rata maritum iter sub montem facere. Marte tandem accedente Venus vehementer gaudebat. Amantes oscula[4] dabant, cum subito rete ferreum[5] in eos cecidit. Ambo se movere non iam poterant. Tum autem vocem Vulcani audiverunt: „Intrate, immortales, et intereste rei mirae! Videte, quam pulchras aves[6] hodie ceperim!" Quibus verbis Martem et Venerem oculis deorum subiecit. Superi conspectu miro vehementer riserunt prudentiam puniendi mirantes.

*Maerten van Heemskerck: Vulkan zeigt Mars und Venus im Netz den Göttern. Um 1536. Wien, Kunsthistorisches Museum.*

[1] malleus der Hammer – [2] fulmen, inis *n* der Blitz – [3] crās morgen – [4] ōsculum der Kuss – [5] rēte ferreum *n* das eiserne Netz – [6] avis, is *f* der Vogel

# 20 Perseus und Medusa

C 94

Perseus war der Sohn von Jupiter und der Menschenfrau Danaë. Da ein Orakel ihrem Vater Akrisios geweissagt hatte, sein Enkel werde ihn einmal töten, setzte er Danaë und den kleinen Perseus in einem Kasten auf dem Meer aus, um sie so umzubringen. Jupiter verhinderte dies, indem er sie auf der Insel Seriphos landen ließ, wo sie von König Polydektes aufgenommen wurden. Als Perseus ein junger Mann geworden war, überredete ihn Polydektes zu einem besonderen Abenteuer: Er sollte ihm den Kopf der Medusa bringen, die ein gefürchtetes weibliches Ungeheuer mit Schlangenhaaren war ...

Perseus dubitabat, an Medusam vincere posset, cum repente Minerva dea ante eum stetit. Iuvenis adventu deae gaudens haec fere ab ea requisivit: „Quid faciam, dea? Qui fieri potest, ut caput Medusae ad regem veham? Prospice saluti meae, quaeso!“ Minerva: „Audi, adulescens!“, inquit, „Prius tres sorores Medusae tibi requirendae sunt. Quae in montibus Africae habitant unumque oculum communem habent. Saepe fit, ut eum inter se dividant. Si oculum illis rapueris, sorores minus valebunt. Sic facile impetrabis, ut tibi viam ad Medusam demonstrent. Praeterea accipe hunc clipeum[1], quem tibi usui futurum esse manifestum est!“ Quibus verbis dictis dea in caelum abiit.

Perseus itinere per aequor facto profecto tres sorores convenit. Cum illae, ut Minerva dixerat, infestae adulescenti auxilium negarent, Perseus celeriter eis oculum rapuit. Oculo rapto magnus clamor fiebat. Primo sorores irascebantur, tum frustra oculum repetebant, denique calamitate coactae iuveni viam ad Medusam prodebant. Tamen Perseus oculum non reddidit, sed in fontem misit. Ita sororibus non licebat Medusae adventum Persei nuntiare. Nymphae ad fontem habitantes adulescenti dixerunt:

„Accipe hanc manticam[2], qua caput Medusae condere poteris.“ Perseus eis gratiam habuit et hinc perrexit. Brevi tempore Mercurio, nuntio deorum, occurrit. Qui dixit: „Haud ignarus sum consilii tui. Quam ob rem tibi hunc gladium ex argento factum trado. Accipe etiam haec talaria[3]!

[1] clipeus der Schild – [2] mantica der Rucksack – [3] tālāria, ium *n Pl.* die Flügelschuhe

Quibus sublatus celeriter ad Medusam pervenies. Sed si speluncam[1] eius intraveris, cave, ne monstrum aspicias: Nemo conspectum saevum sustinuerit. Omnes enim, quos vultum Medusae conspexisse constat, in saxa mutati sunt. Contine ergo clipeum utraque manu! Tege corpus clipeo[2]. Ita fiet, ut oculos infestos Medusae vitaturus sis.“ Paulo post Perseus auxilio talarium[3] eo volavit, ubi Medusa vitam agebat. Quae modo sine suspicione somno se dabat, cum Perseus accessit eam victurus.

Perseus beherzigte die Mahnung Merkurs und näherte sich der schlafenden Medusa, ohne sie direkt anzusehen. Er hielt den Schild so vor sich, dass sie sich selbst wie in einem Spiegel erblickte.

*Michelangelo Merisi, genannt Caravaggio: Das Haupt der Medusa. 1598, Florenz, Galleria degli Uffizi.*

[1] spēlunca die Höhle – [2] clipeus der Schild – [3] tālāria, ium *n Pl.* die Flügelschuhe

Quis dubitet, quin Medusa conspectu suo maxime perterrita sit? Celerrime Perseus eam aggressus est, gladio interfecit, caput de collo divisit. Caede facta Perseus caput monstri mantica[1] excepit, tum talaribus[2] in caelum se sustulit.

At Perseus in patriam rediturus magna tempestate in regnum Atlantis vectus est. Adulescens regem potentem orabat, ut nocte in tecto amplo quiescere posset. Cum autem ab eo repulsus esset, Perseus irascens dixit: „Nemo credat tantam iniuriam fieri posse. Cum sanctum ius hospitii[3] neglexeris, poenam iustam accipies." Quibus verbis dictis Perseus Atlanti caput Medusae ostendit: Atlas statim in magnum montem mutatus est.

Nach dieser Sage soll so das Atlasgebirge im heutigen Marokko entstanden sein.

## 21 Perseus und Andromeda

C 97

Atlante in montem mutato Perseus ad litus Aethiopiae volavisse traditur. Ibi repperit virginem stella pulchriorem, quae in vincula data saxo haerebat. Statim accessit et eam rogavit: „Quod nomen tibi est, puella? Cur hac in sede retineris?" Primo pudor puellam loqui vetuit. Tum autem respondere ausa est:

„Mihi nomen est Andromeda. Sum filia Cephei, regis Aethiopiae. Audi causam calamitatis meae! Sunt, qui dicant matrem meam dicere solitam esse se multo pulchriorem esse quam deas maris. Quae crimen finxisse Neptunumque arcessivisse videntur. Deo auctore crudele exemplum statutum est. Patria nostra maximo aestu maris deleta est, ego perpetuo in hoc saxo retineor. Neptunus enim decrevit me draconi[4] saevo obicere, ut eo modo matrem puniret."

[1] mantica der Rucksack – [2] tālāria, ium *n Pl.* die Flügelschuhe – [3] hospitium die Gastfreundschaft – [4] dracō, ōnis *m* der Drache

*Paolo Veronese: Perseus und Andromeda. Um 1576/78.*
*Rennes, Musée des Beaux-Arts et d'Architecture.*

Vix puella haec dixerat, cum ingens draco caput ex undis sustulit. Andromeda vehementer perterrita clamavit: „Ecce, monstrum revertitur et ad saxum nititur! Horam supremam adesse sentio! Quid faciam?“ Parentes eius miseri magna cum celeritate ad filiam cucurrerunt. Quibus Perseus occurrit: „Perspicitis“, ait, „draconem[1] mox adfuturum esse. Itaque audite verba mea: Sum Perseus, filius Iovis. Monstra superare consuevi. Si Andromedam a me servari vultis, promittite eam uxorem meam futuram esse! Certe filia vestra digna non est, quae a dracone exstinguatur.“ Pater Andromedae respondit: „Vera imago patris tui es! Prorsus concedemus, quodcumque vis, si filiam nostram a dracone defenderis.“ Et iam draco adfuit.

[1] dracō, ōnis *m* der Drache

Perseus talaribus[1] in aerem se sustulit et suis viribus confisus monstrum gladio aggressus est. Animal saevum ignem ex ore[2] misit – neque tamen Perseum violare potuit. Quanto saevius monstrum fuit, tanto fortius Perseus restitit superioremque se praebuit. Andromeda parentesque e litore draconem[3] mortuum in undis mergi[4] viderunt. Virgo amore incensa est, cum Perseus eam e vinculis liberaret. Parentes felices adulescenti gratiam habuerunt. Pater adeo gavisus est, ut haec adderet: „Dignus es, qui mihi succedas rex, quippe cum vir pristinae virtutis sis."

Paulo post nuptiae[5] erant. Sed subito Phineus, frater regis, cum comitibus suis convivium ingressus est clamans: „Nonne meministis regem Andromedam mihi uxorem promisisse ? Nunc autem illa alicui viro nubere dicitur. Quomodo hoc fieri potest? Unusquisque nostrum istum iuvenem odit, praesertim cum iste Andromedam pulchram secum ablaturus sit. Nos universi te necabimus, iuvenis, qui certe modum egressus sis!" Statim omnes, qui aderant, proelium acerrimum inierunt. Tanta multitudo militum Phinei erat, quae a Perseo vix prohiberi posset. Qui cum cognosceret istos victuros esse, celerrime caput Medusae comprehendit et hostibus ostendit. Statim Phineus eiusque milites in saxa mutati esse traduntur.

So konnte Perseus heiraten. Später fand er seine Mutter Danaë wieder und lebte mit Andromeda glücklich bis an sein Lebensende.

---

[1] tālāria, ium *n Pl.* die Flügelschuhe – [2] ōs, ōris *n* das Maul – [3] dracō, ōnis *m* der Drache – [4] mergī, mergor, mersus sum versinken – [5] nūptiae, ārum *f Pl.* die Hochzeit

## Eigennamenverzeichnis

**Achilles**, is *m* Achill, stärkster der griech. Helden im Trojanischen Krieg. Sohn der Meernymphe *Thetis* und des Königs Peleus von Phthia. 18

**Acrisius** Akrisios, König von Stadt Argos, Vater der *Danae* und Großvater des *Perseus*. 20

**Actaeon**, onis *m* Aktäon, Enkel des Königs *Cadmus* von *Thebae*. 8

**Aeetes**, ae *m* Aietes, König von *Colchis*, Vater der *Medea*. 11

**Aegeus** *m* Aigeus, König von *Athenae*, Vater des *Theseus*. 3. 4

**Aethiopia** Äthiopien, Königreich des *Cepheus* in Afrika. 21

**Aethra** Aithra, Tochter des Königs von *Troezen*, Mutter des *Theseus*. 3

**Aetna** Ätna, Vulkan an der Ostküste von *Sicilia*. Unter dem Ätna lag nach antiker Vorstellung die Schmiedewerkstätte des *Vulcanus*. 19

**Agenor**, oris *m* Agenor, König von *Phoenica*, Vater der *Europa* und des *Cadmus*. 5. 8

**Alcmena** Alkmene, Frau des *Amphitryon*, des Königs von *Thebae*. Wurde von *Iuppiter* schwanger und gebar ihm den *Hercules*. 16

**Amor**, oris *m* Amor (griech. Eros), der Liebesgott. 1

**Amphitryon**, onis *m* Amphitryon, König von *Thebae*, Ehemann der *Alcmena*. 16. 17

**Andromeda** Andromeda, Tochter des Königs *Cepheus*. Ihre Mutter *Cassiopeia* hatte sich gerühmt, schöner als die Meeresgöttinnen zu sein, weswegen *Neptunus* den Tod ihrer Tochter forderte. Sie wurde von *Perseus* befreit, der schließlich ihr Ehemann wurde. 21

**Apollo**, Apollinis *m* Apollo (griech. Apollon), Gott des Lichts, der Musik und Künste, der Heilkunst und Weissagung; Sohn des *Iuppiter* und der *Latona*, Zwillingsbruder der *Diana*. Heilig ist ihm der Lorbeerbaum, in den sich die schöne *Nymphe Daphne* verwandelt hatte. 1. 2. 12. 13

**Ariadna** Ariadne, Tochter des Königs *Minos* von *Creta*, Schwester der *Phaedra*. Sie half *Theseus* mit dem roten Faden bei der Überwindung des *Minotaurus*. Theseus ließ sie während der Überfahrt von *Creta* nach *Athen* alleine auf der Insel *Naxus* zurück. 4. 10

**Athenae**, arum *f Pl.* Athen, bedeutendste Stadt in Griechenland, Heimat des *Theseus*. 3. 4. 10. 14

**Atlas**, antis *m* König von Mauretanien. Er verweigerte *Perseus* gastliche Aufnahme und wurde deshalb von ihm mit dem Haupt der *Medusa* zu Stein verwandelt. 20. 21

**Bacchus** Bacchus (griech. Dionysos), Gott des Weines. Er heiratete *Ariadna*, nachdem *Theseus* sie auf der Insel *Naxus* zurückgelassen hatte. Seine Begleiter sind die *Satyrn*. 4

**Baucis**, idis *f* Baukis, Ehefrau des phrygischen Bauers *Philemon*. 14

**Cadmus** Kadmos, Gründer und König der Stadt *Thebae*, Sohn des *Agenor* und Bruder der *Europa*, Großvater des *Actaeon*. 8

**Cassiopeia** Kassiopeia, Königin der Äthiopen, Mutter der *Andromeda*. 21

**Cepheus**, ei *m* Kepheus, König der Äthiopen, Gatte der *Cassiopeia*, Vater der *Andromeda*. 21

**Ceres**, Cereris *f* Ceres (griech. Demeter), Göttin des Ackerbaus. 6

**Colchis**, idis *f* Kolchis, Landschaft am Ufer des Schwarzen Meeres, Heimat der *Medea*. 11

**Creta** Kreta, griech. Insel. *Iuppiter* entführte *Europa* dorthin. Sie gebar ihm *Minos*, den späteren König der Insel. 4. 5

**Cyclopes**, um *m Pl.* die Zyklopen bzw. Kyklopen, einäugige wilde Riesen auf der Insel *Sicilia*, Schmiedegehilfen des *Vulcanus*. 19

**Cyprus** *f* Zypern, Insel im Mittelmeer, Geburtsort der *Venus*, Heimat des *Pygmalion*. 15

**Danae**, es *f* Danaë, Geliebte des *Iuppiter*, Mutter des *Perseus*. 20. 21

**Daphne**, es *f* Daphne, eine schöne *Nymphe*, Tochter des Flussgottes Peneus. 1

**Diana** Diana (griech. Artemis), Göttin der Jagd, des Waldes und des Mondes, Schützerin der Frauen und der Jungfräulichkeit; Tochter des *Iuppiter* und der *Latona*, Zwillingsschwester des *Apollo*. 1. 8. 10. 12. 13

**Europa** Europa, Tochter des phönizischen Königs *Agenor*. *Iuppiter* verliebte sich in sie und entführte sie in Gestalt eines weißen Stieres nach *Creta*. Mutter des *Minos*. 5. 8

**Hector**, oris *m* Hektor, Sohn des trojanischen Königs Priamos; stärkster der trojanischen Helden im Krieg gegen die Griechen; er fiel im Zweikampf gegen den Griechen *Achilles*. 18

**Hercules**, is *m* Herkules (griech. Herakles), stärkster und berühmtester der griech. Helden. Sohn des *Iuppiter* und der *Alcmena*. Um sich von einer im Wahnsinn begangenen Freveltat reinzuwaschen, musste er die berühmten „zwölf Arbeiten“ vollbringen. Nach seinem Tod wurde er in den Kreis der Götter aufgenommen. 3. 16. 17

**Hippolytus** Hippolytos, Sohn des *Theseus* aus erster Ehe; seine Stiefmutter *Phaedra* verliebte sich unglücklich in ihn. 10

**Iason**, onis *m* Jason, Sohn des Königs Aison von *Thessalia*. Aisons Bruder *Pelias* hatte sich des Thrones bemächtigt. Um Jason ins Verderben zu schicken, sandte er ihn nach *Colchis* aus, das Goldene Vlies zu holen, ein heiliges goldenes Widderfell. Mit Hilfe der *Medea* gelang ihm der Raub des Vlieses. Er heiratete Medea und wurde König von *Thessalia*. 11

**Iuno**, onis *f* Juno (griech. Hera), Schwester und Gemahlin des *Iuppiter*, Schützerin der Ehe und der Frauen, Fruchtbarkeits- und Geburtsgöttin. 2. 13. 16

**Iuppiter**, Iovis *m* Jupiter (griech. Zeus), Göttervater. Zum großen Ärger seiner Gattin *Iuno* hatte er zahlreiche Geliebte, z.B. *Europa*, *Ceres*, *Danae*, *Latona*, *Alcmena*. Aus diesen Verbindungen gingen viele Götter und Helden hervor, unter anderem *Apollo* und *Diana*, *Hercules*, *Perseus* und *Tantalus*. 1. 5-7. 12-14. 16. 19-21

**Latona** Latona (griech. Leto), eine Göttin. Sie wurde von *Iuppiter* Mutter der Zwillinge *Apollo* und *Diana*. Sie flieht als Schwangere vor der eifersüchtigen *Iuno*, gebiert ihre Zwillinge schließlich auf der griech. Insel Delos. 12. 13

**Linus** Linos, Sohn des *Apollo*, Erzieher des *Hercules*. Er wurde von Herkules im Zorn erschlagen, nachdem er seinen Schüler beim Musikunterricht zurechtgewiesen hatte. 17

**Lycia** Lykien, Landschaft im Südwesten Kleinasiens. 13

**Lycomedes,** is *m* Lykomedes, König der griech. Insel Skyros. Auf seiner Insel versteckt *Thetis* ihren Sohn *Achilles*, um ihn vor der Teilnahme am Trojanischen Krieg zu bewahren. 18

**Lydia** Lydien, Landschaft an der Westküste Kleinasiens. 6

**Mars,** Martis *m* Mars (griech. Ares), Gott des Krieges. 19

**Marsyas,** ae *m* ein *Satyr*, Meister im Flötenspiel; forderte *Apollo* zu einem musischen Wettstreit heraus. Er wurde von Apollo besiegt und schwer bestraft. 2

**Medea** Medea, zauberkundige Tochter des Königs *Aeetes* von *Colchis*. Sie half *Iason* beim Raub des Goldenen Vlieses. Nach der Flucht aus *Colchis* wurde sie Iasons Ehefrau. 11

**Medusa** Medusa, weibliches Ungeheuer mit Schlangenhaaren, dessen Anblick jeden Menschen zu Stein erstarren ließ. Sie wurde von *Perseus* enthauptet. Ihre drei älteren Schwestern waren die Graien. Sie besaßen zu dritt nur ein Auge zur abwechselnden Benutzung. Perseus raubte es ihnen und zwang sie so, ihm den Weg zur Medusa zu verraten. 20. 21

**Mercurius** Merkur (griech. Hermes), Götterbote, Gott des Handels, der Reise und der Diebe. 5. 14. 20

**Minerva** Minerva (griech. Athene), Göttin der Weisheit, der Kunst und des Handwerks, Tochter des *Iuppiter*. 2. 20

**Minos,** ois *m* Minos, König von *Creta*, Sohn des *Iuppiter* und der *Europa*, Vater der *Ariadna* und der *Phaedra*. 4

**Minotaurus** Minotaurus, Sohn der Pasiphaë. Mit einem Stier gezeugt, daher halb Mensch und halb Stier. Der Mann der Pasiphaë, König *Minos* von *Creta*, sperrte das Ungeheuer in einem Labyrinth ein und fütterte es mit Jünglingen und Mädchen, bis endlich *Theseus* den Minotaurus tötete und mit Hilfe der *Ariadna* wieder aus dem Labyrinth herausfand. 4

**Naxus** *f* Naxos, griech. Insel in der Ägäis. 4

**Neptunus** Neptun (griech. Poseidon), Gott des Meeres. 10. 21

**Nioba** Niobe, Tochter des *Tantalus*, im kleinasiatischen *Phrygia* aufgewachsen, später durch die Heirat mit Amphion Königin von *Thebae*. 12

**Nymphae,** arum *f Pl.* Nymphen, niedere Baum-, Fluss- und Quellgottheiten. 8. 20

**Paphus** Paphos, Sohn des *Pygmalion*, Gründer der Stadt Paphos auf *Cyprus*. 15

**Pelias,** ae *m* Pelias, König von *Thessalia*, Onkel des *Iason*. 11

**Pelops,** opis *m* Pelops, Sohn des *Tantalus*, wurde von seinem Vater getötet und den Göttern zum Mahl vorgesetzt, um diese zu prüfen. Nach der Entdeckung des Frevels wurde Pelops von den Göttern wieder zum Leben erweckt. 6

**Perseus,** ei *m* Perseus, Sohn des *Iuppiter* und der Menschenfrau *Danae*. Als junger Mann machte er sich auf, die *Medusa* zu töten. Mit dem Haupt der Medusa verwandelte Perseus den *Atlas* und seinen Rivalen *Phineus* zu Stein. Er befreite *Andromeda* und machte sie zu seiner Frau. 20. 21

**Phaedra** Phädra, Tochter des *Minos*, zweite Frau des *Theseus*. Verliebte sich unglücklich in ihren Stiefsohn *Hippolytus*. Als dieser ihre Liebe nicht erhörte, erhängte sie sich. 10

**Phaethon**, ontis *m* Phaëthon, Sohn des Sonnengottes *Sol*. 7

**Philemon**, onis *m* Philemon, alter Bauer in *Phrygia*, Ehemann der *Baucis*. Ihre fromme Gesinnung wird von *Iuppiter* belohnt. 14

**Phineus**, i *m* Phineus, Bruder des Äthiopen-Königs *Cepheus*. Er wurde von *Perseus* mit dem Haupt der *Medusa* versteinert. 21

**Phoenica** Phönizien, Landschaft an der heutigen syrisch-libanesischen Mittelmeerküste. 5

**Phrygia** Phrygien, kleinasiatische Landschaft. 12

**Polydectes**, is *m* Polydektes, König der griech. Insel *Seriphus* und Erzieher des *Perseus*. 20

**Procrustes**, is *m* Prokrustes, ein Räuber, der an der Straße von Eleusis nach *Athenae* lebte. Wenn die Gäste, die bei ihm übernachteten, nicht genau in sein Bett passten, pflegte er sie zu strecken oder ihnen die Glieder abzuhauen. Wurde von *Theseus* getötet. 3

**Pygmalion**, onis *m* Pygmalion, ein Bildhauer von der Insel *Cyprus*. 15

**Pyramus** Pyramus, ein Jüngling aus Babylon, Geliebter der *Thisbe*. Die Eltern der beiden waren gegen diese Verbindung, was den Liebenden zum Verhängnis wurde. 9

**Pyrrha** Pyrrha, Deckname des *Achilles*, als er sich bei König *Lycomedes* versteckte. 18

**Satyrus** Satyr. Die Satyrn sind bocksfüßige, langohrige, gehörnte Waldgottheiten. Sie sind die Begleiter des *Bacchus*. 2

**Seriphus** *f* Seriphos, griech. Insel in der südlichen Ägäis. 20

**Sicilia** Sizilien, die größte Insel des Mittelmeeres, an der „Stiefelspitze" Italiens gelegen. 19

**Sol**, Solis *m* Sol (griech. Helios), Sonnengott, Vater des *Phaethon*. 7. 19

**Tantalus** Tantalos, König von *Lydia*, Vater der *Nioba* und des *Pelops*. Als Sohn des *Iuppiter* durfte er an den Gastmählern der Götter teilnehmen; durch einen schrecklichen Frevel verspielte er dieses Privileg und musste ewige Strafen im *Tartarus* verbüßen. 6. 12

**Thebae**, arum *f Pl.* Theben, Hauptstadt der Landschaft Böotien in Griechenland. Ihr Gründer und erster König war *Cadmus*. 8. 12. 16

**Theseus**, ei *m* Theseus, athenischer Held. Er wuchs bei seiner Mutter *Aethra* in *Troezen* auf. Als er erfuhr, dass *Aegeus*, der König von *Athenae*, sein Vater sei, machte er sich dorthin auf. Auf dem Weg kehrte er bei dem grausamen *Procrustes* ein und tötete diesen. Auf *Creta* tötete er mit Hilfe der *Ariadna* den *Minotaurus*. Vater des *Hippolytus* aus erster Ehe, in zweiter Ehe verheiratet mit *Phaedra*. 3. 4. 10

**Thessalia** Thessalien, Landschaft im Norden Griechenlands. 11

**Thetis**, idis *f* Thetis, eine Meernymphe, Tochter des Meeresgottes Nereus. Sie versuchte vergeblich, ihren Sohn *Achilles* vor der Teilname am Trojanischen Krieg zu bewahren. 18

**Thisbe**, es *f* Thisbe, eine junge Frau aus Babylon, Geliebte des *Pyramus*. 9

**Troezen**, enis *f* Troizen, griech. Stadt in der Argolis. Heimat der *Aethra*. *Theseus* wuchs in Troizen auf, bevor er sich aufmachte, seinen Vater *Aegeus* zu suchen. 3

**Ulixes**, is *m* Odysseus, König der griech. Insel Ithaka, Teilnehmer am Trojanischen Krieg auf griechischer Seite. 18

**Venus**, Veneris *f* Venus (griech. Aphrodite), Göttin der Liebe und der Schönheit, Ehefrau des *Vulcanus*. 2. 5. 15. 19

**Virtus**, utis *f* Virtus, die Personifikation der Tugend und des rechtschaffenen Lebens. 17

**Voluptas**, atis *f* Voluptas, die Personifikation der Lust und des genussreichen Lebens. 17

**Vulcanus** Vulkan (griech. Hephaistos), Gott der Feuerflamme und der Schmiedekunst, Ehemann der *Venus*. Seine Werkstatt, wo er die Blitze des *Iuppiter* schmiedete, lag nach antikem Glauben unter dem Vulkan *Aetna*. Seine Schmiedehelfer sind die *Cyclopes*. 19

**Abbildungsnachweis**

akg-images – S. 16, 24, 30, 32, 34; - / Orsi Battaglini – S. 38; - / Cameraphoto – S. 15; - / De Agostini Picture Library – S. 18; - / Electa – S. 28, 41, 44; - / Erich Lessing – S. 8, 13, 20, 40, 42, 46; - / Nimatallah – S. 7; - / Rabatti-Domingie – S. 36; - / Sotheby's – S. 21, 22;

bpk-Bildagentur / Roman Beniaminson – S. 9; - / Klaus Göken – S. 26; Bridgeman Images – S. 11;

dpa Picture-Alliance / akg-images – Cover;

iStockphoto / juergen2008 – S. 29.

Hinweise für die Lehrkraft: Dieses Bändchen verfolgt die Grundidee, schon in der Spracherwerbsphase dem Schüler die Möglichkeit einer durchgängigen Lektüre zu bieten. Der Abwechslungsreichtum der Geschichten steigert die Lern- und Lesemotivation der Schüler, da sie ihr Wissen unmittelbar umsetzen können und müssen, wenn sie dem Inhalt der Texte folgen wollen.
Das Lektürebändchen besteht aus 21 Kapiteln, die in der Reihenfolge des Wortschatzes und der Grammatik dem Lehrbuch „Campus neu" (Ausgabe C) folgen. Dabei wurde in jedem Kapitel nicht nur auf eine ausreichende Umwälzung des jeweiligen neuen Wortschatzes und eine hohe Phänomendichte des jeweils aktuellen Grammatikstoffes, sondern auch auf kontinuierliche immanente Wiederholung geachtet, sodass sich eine gute Zusatzmöglichkeit zur Wiederholung, Vertiefung und Einübung bietet.

# 1 Apollo und Daphne

C 71

Apollo (sagte): „Warum trägst du diesen Bogen auf deinen kleinen Schultern, Amor? Diese Waffen sind für mich, einen mächtigen Gott, geeignet, nicht für dich. Weißt du (etwa) nicht, dass ich nicht irgendeinen Feind, sondern ein gewaltiges Tier mit diesem Bogen besiegt habe? Der Bogen ist die Waffe eines Mannes, nicht eines Jungen. Lass also den Bogen beiseite, wenn du Verstand hast!" Der kleine Armor schwieg zuerst, dann antwortete er, von Zorn ergriffen: „Auch wenn ich klein bin, bin ich nicht irgendein Gott, sondern der Gott der Liebe. Deine Waffen vermögen viel (haben großen Einfluss), aber meine Waffen vermögen mehr (haben größeren Einfluss). Auch ich bin gelehrt: Zweifelt etwa irgendjemand daran, dass die Waffen des Amor am meisten vermögen (sehr großen Einfluss haben)?"
Während Apollo zu lachen begann, flog Amor in schneller Bewegung zu einem Berggipfel und sandte von diesem Ort aus zwei Geschosse: Das eine Geschoss bestand aus Gold, das andere aus Blei. Durch das eine Geschoss wurde bewirkt, dass der Gott Apollo sofort begierig nach Liebe wurde, mit dem anderen Geschoss wurde verhindert, dass die junge Frau Daphne von Liebe zu irgendeinem Mann bewegt wurde. Obwohl der Vater von ihr oft gefordert hatte, dass sie einen Mann heiraten solle, sagte jene: „Erlaube mir, lieber Vater, ein freies Leben zu führen! Ich will keinen Mann heiraten. Dies hat Vater Jupiter auch der Göttin Diana zugestanden. Siehst du (etwa) nicht, dass ich bis jetzt ein glückliches Leben führe?" Tatsächlich ist der Vater durch die Bitten der Tochter bewegt worden.
Einmal geschah es durch Zufall, dass der Gott Apollo zur Mittagszeit Daphne erblickte. Sofort wurde er von schwerer Liebe ergriffen; aber die junge Frau entkam in schnellem Lauf. Der Gott rief mit süßer Stimme: „Bleib, Mädchen! Ich bin kein Feind. Warum fliehst du vor mir?" Aber Daphne blieb nicht stehen. Jene wünschte vor allem, dass sie sich an irgendeinem Ort verbergen konnte. Apollo jedoch hörte nicht auf zu bitten: „Höre, Mädchen, damit du weißt, vor wem du fliehst! Denn ich bin nicht irgendein Bauer! Ich bin auch nicht irgendein Diener. Jupiter selbst, der höchste Gott, ist mein Vater. Ich habe den Menschen Künste und Lieder gegeben. Deshalb haben sie eine gute Meinung über mich; wenn irgendjemand mich ruft, komme ich zur Hilfe. Mir selbst jedoch kann ich nicht helfen: Ich werde von bitterer Liebe gequält. Du bist so schön wie ein Stern am Nachthimmel. Deshalb bitte ich dich: Warte!"
Aber Daphne flüchtete weiter vor Apollo (fuhr fort, vor Apollo zu flüchten). Schon ergriff der Gott die junge Frau, als Daphne voller Furcht schrie: „Helft mir, Götter, verwandelt mich in irgendeinen Baum, damit ich nicht von Apollo ergriffen werde!" Und sieh da! Die Hände des Mädchens wurden in Zweige, ihre Füße in Wurzeln verwandelt. Apollo berührte nicht mehr ein Mädchen, sondern einen schönen Lorbeerbaum. Weinend sagte der Gott schließlich: „Auch wenn du verweigert hast, mich zu lieben, Mädchen, werde ich dich nicht verlassen: Mein Haupt wird immer mit deinen Zweigen geschmückt werden."

## 2 Apollo und Marsyas

C 73

Sofort versuchte Marsyas auf der Flöte zu spielen. Zuerst bewirkte er nur ziemlich hässliche Töne; aber schon in kurzer Zeit brachte (goss) er süßere Töne hervor (aus). Schon glaubte er, dass er diese Kunstfertigkeit so gut gelernt habe, dass er sogar den Apollo besiegen konnte. Also suchte er den sehr berühmten Gott auf und sprach: „Ich behaupte, dass ich so gut Flöte spielen kann wie du. Deshalb kämpfe mit mir um den Sieg!"

Apollo gab folgende überaus überhebliche Antwort: „Wer bist du, geringster Mensch, dass du dich mit einem sehr großen Gott vergleichst? Besitzt du eine derartige Kühnheit? Ich habe die Herrschaft über die schönen Künste. Verstehst du nicht, dass du von menschlichem Geschlecht abstammst, ich ein unsterblicher Gott bin? Dennoch werde ich mit dir kämpfen. Höre jedoch meine Bedingung: Du wirst eine Flöte haben, ich eine Leier. Wenn du mich besiegst (Fut. II), wirst du große Schätze, ja sogar königlichen Reichtum erhalten. Aber wenn du besiegt wirst (Fut. II), wird dich eine sehr grausame Niederlage erwarten: Du wirst so viele Schmerzen aushalten, wie (viele) noch niemand erlitten hat." Obwohl er diese Worte gehört hatte, wurde Marsyas nicht erschreckt; so groß war seine Hoffnung auf den sicheren Sieg. Er freute sich über die Maßen und begann auf der Flöte zu spielen. Als Apollo die überaus süßen Töne hörte, zweifelte er an seinem Sieg.

Deshalb fügte er mit einer sehr schändlichen List eine neue Bedingung hinzu: „Das, was du tust, ist kein Kunstwerk. Versuche eine schwierigere Anstrengung! Kannst du etwa zur Flöte singen?" Marsyas bemerkte nicht die schlimme List des Gottes – schon war er besiegt: Apollo nämlich konnte zur selben Zeit sowohl auf der Leier spielen als auch mit seiner Stimme singen. Da sagte der Gott lachend: „Bist du etwa immer noch guten Mutes, du Mensch von höchster Kühnheit? Ich halte dich für der schwersten Strafe würdig (Ich urteile, dass du der schwersten Strafe würdig bist): Denn du besitzt eine so große Kühnheit, wie (große) einem Menschen niemals erlaubt ist. Alle werden schließlich Zeugen dafür sein, dass du allzu großen Ruhm erstrebt hast." Tatsächlich stand dem armen Menschen ein überaus grausames Schicksal bevor. Der Gott Apollo fesselte ihn und begann ihn zu häuten. Der arme Marsyas erhob ein gewaltiges Geschrei. Es ist bekannt, dass sein Blut in den Fluss Marsyas verwandelt worden ist.

## 3 Theseus und Prokrustes

C 74

Prokrustes lebte damals in der Nähe von Athen. Er war ein überaus grausamer Mensch; er war länger als ein hoher Baum. Obwohl er Menschen, die eine Reise machten, immer mit derselben List täuschte, bemerkte dennoch niemand jemals seine Verbrechen. Während die meisten die Gastfreundschaft berücksichtigten, vernachlässigte dieser vollständig die Menschlichkeit. Als irgendein Mann auf dem Weg zur Stadt am Haus des Prokrustes vorbeiging, kam (ging) dieser aus seinem Haus (heraus) und sagte mit überaus süßer Stimme: „Ich grüße dich, Freund! Ich sehe, Ärmster, dass du unter der langen Reise leidest. Sieh da! Bald wird die Nacht da sein. Weil es sehr schwer ist, in der Dunkelheit die Reise zu vollenden, kannst du nachts hierbleiben und mit mir essen. Bei Tagesanbruch wird es besser sein, in die Stadt zu kommen. Betritt mein Haus! Warum zögerst du?"

Die meisten betraten das Haus, weil sie von der Begierde nach Essen bewegt waren. Dies war für die überaus armen Menschen der Anfang des Unglücks. Als sie nämlich voll von Speisen schlafen wollten, sagte Prokrustes: „Ich sehe, dass du größer als das Bett bist. Freilich werde ich dir helfen." Nachdem der Verbrecher diese Worte gesagt hatte, schnitt er

dem überaus Elenden die Füße ab. Wenn irgendeiner kürzer als das Bett war, wurde sein Körper mit so großer Gewalt länger gemacht, dass der arme Mensch starb.
Auch der junge Mann Theseus betrat das Haus des Prokrustes und aß dort. Nach dem Essen führte der sehr schlimme Mann Theseus zum Bett und sagte: „Ich sehe, dass du größer als das Bett bist, mein Gast! Aber dies kann dir ein Trost sein: Ich werde dich mit einem sehr scharfen Schwert kürzer machen." Der beste Jüngling jedoch war schneller als Prokrustes; es gelang ihm, früher das Schwert zu ergreifen und den Verbrecher zu töten (dass er ... ergriff und ... tötete). Nachdem man vom Tod des Prokrustes gehört hatte, war das für alle eine große Freude. Alle dankten dem Theseus, weil er sich als so tapfer erwiesen hatte.

## 4 Ariadne auf Naxos

C 75

Ariadne irrte auf der Suche nach Theseus (den Theseus suchend) lange über die Küste und fand jenen dennoch nicht. Schnell ging sie auf einen Berggipfel. Denn von diesem Platz aus konnte sie großartig die ganze Gegend beobachten. Tatsächlich erblickte sie auf dem hohen Meer das Schiff des Theseus. Dann rief sie von höchstem Hass bewegt:
„Wohin fliehst du, schlechtester und verschlagener (schlauer) Mann? Kehre zu mir zurück! Warum lässt du mich grausam auf der Insel zurück, die ohne jegliche (jede) Kultur (Bildung) und Menschlichkeit ist? Wilde Tiere pflegen eine größere Nachsicht als du. Ich glaubte nicht, dass du einen so verdorbenen Charakter hättest. Du täuschtest mich schändlich, als du in unserem Gespräch sagtest: ‚Du wirst von mir heftig geliebt werden; zusammen mit mir wirst du gut bis zum Lebensende leben.' Bin ich etwa gestorben? Ist es etwa nicht besser für mich, tot zu sein als zu leben? Was dir gefällt, gefällt mir nicht: Ich werde nicht mehr in die Heimat zurückkehren können, niemals werde ich einen Mann heiraten. Nachdem jedoch die Liebe ausgelöscht ist, fürchte ich den Tod nicht mehr. Ein ungerechtes Schicksal erwartet mich hier. Wer weiß, ob diese Insel Löwen nährt? Wenn ich auf dieser Insel zugrunde gehe (Fut. II), wird niemand meinen Tod beweinen. Wenn du jedoch, Theseus, glücklich in deine Heimat zurückkehrst, wirst du mit sehr großen Ehren empfangen werden. Dichter werden gewissenhaft deine Taten loben, Theseus! Gerne wirst du über den Minotaurus und die Gefahren des Labyrinths erzählen, aber von mir wirst du nichts sagen. Euch aber, ihr Götter, rufe ich zu Hilfe; denn für euch ist es wichtig, die Gerechtigkeit zu pflegen und Streitfälle zu schlichten. Auch wenn meine gerechte Rede nicht den gleichen Einfluss hat (gleichermaßen etwas vermag), bin ich dennoch nicht geringerer Ehre würdig als Theseus. Wenn du nicht willst, Theseus, dass die Nachkommen über dich eine sehr schlechte Meinung haben, (dann) wende dein Schiff! Höre meine Bitten an, grausamster Mann!"
Theseus stand traurig auf dem Schiff; er hatte nämlich nicht aus eigenem Antrieb (freiwillig), sondern durch göttliche Macht gezwungen Ariadne auf der Insel zurückgelassen. Bacchus nämlich war von der Liebe zu dem besten Mädchen ergriffen worden.

## 5 Zeus und Europa

C 76

Als Jupiter vom hohen Himmel aus ein bestimmtes junges Mädchen gesehen hatte, ist er heftig von Liebe bewegt worden: Er beschloss, Europa zu rauben. Also holte er den Merkur herbei und sagte diesem: „Steige vom Himmel herab und suche das Königreich des Agenor auf! Dort wirst du in den Bergen einige Stiere sehen: Du wirst diese zur Küste treiben." Nachdem er diese Worte gesagt hatte, verwandelte sich Jupiter in einen schönen Stier und verbarg sich in der Menge von Stieren – ohne Wissen Merkurs. So ist er unter verändertem Aussehen mit den übrigen Stieren von Merkur, der dem Befehl des Vaters pflichtbewusst

gehorchte, zur Küste geführt worden.
Sofort erblickte er Europa und trat an sie heran. Weil das schöne Mädchen erschreckt war, wollte es das Tier nicht berühren; aber die Freundinnen waren schon da und sagten, wobei sie den Stier berührten: „Niemals haben wir ein so herrliches Tier gesehen!" Eine (gewisse) von den Freundinnen sagte: „Sieh her, Europa! Ich glaube, dass der Stier dich tragen will. Zögere nicht, dich auf seinen Rücken zu setzen! Hüte dich aber, dass du herabfällst!" Schon saß Europa auf dem Stier. Die Freundinnen freuten sich und lachten, als sich das Tier plötzlich erhob und zum Meer zu laufen begann. Die Freundinnen sahen, dass der Stier ins Meer ging und mitten durch die Wellen schwamm.
Der Stier versuchte, das erschrockene Mädchen mit folgenden (diesen) Sätzen zu ermutigen: „Fürchte dich nicht, Europa! Aus Liebe habe ich dich von der heimatlichen Küste weggeführt. Erwarte tapfer die Zukunft! Denn ein glückliches Schicksal wird auf dich warten." Europa (antwortete): „Wer bist du denn, Stier, dass du mit einer menschlichen Stimme sprechen kannst?" Als der Stier aber schwieg, fragte das Mädchen: „Warum bist du so hartherzig? Was für einen Fehler habe ich gemacht?" Das Tier jedoch sagte nichts; wenig später kamen sie zu einer Insel. Der Stier verließ das Mädchen. Europa war traurig, weil sie an der Küste zurückgelassen worden war. Plötzlich stand ein gewisser Mann vor ihr, (der) schöner als ein Mensch (war), und sagte: „Fürchte dich nicht, schönstes Mädchen! Ich bin der König dieser Insel, die Kreta genannt wird. Ich werde dich retten, wenn du mich heiraten willst." Sofort erkannte Europa, dass der Stier (Jupiter) dieselbe Stimme gehabt hatte.
Jedoch war die Freude des Mädchens kurz. Bald nämlich stand sie, von dem Mann verlassen, an der Küste. Bitterlich weinend sagte sie: „Werden die Götter etwa eine so traurige Verbannung zulassen? Ist etwa das, was mir geschehen ist, gerecht? Niemals habe ich die Götter verletzt." Plötzlich hörte sie eine Stimme. Die Göttin Venus war da und sagte: „Sei nicht traurig, Europa! Vergieße keine Tränen! Jupiter selbst, der Vater der Götter, ist dein Ehemann. Deshalb wirst du unsterblich sein; du wirst nämlich diesem Teil der Welt deinen Namen geben."

## 6 Tantalus

C 77

Tantalus, ein reicher und mächtiger König Lydiens, war der Sohn Jupiters. Der höchste Gott hatte diesem erlaubt, in der Menge der Götter zu essen. Aber Tantalus war einer solchen Ehre unwürdig. Er schämte sich nämlich nicht, den Menschen alles zu erzählen, was die unsterblichen Götter ihm anvertraut hatten. Dies war eine große Untat; aber Tantalus beging eine (noch) größere Untat.
So groß war seine Frechheit, dass er den Verstand der Götter prüfen wollte. Er schämte sich nicht für folgende (diese) Untat: Er tötete seinen Sohn, stellte die Teile seines Körpers wie Speisen auf den Tisch und rief die Götter in sein Haus, um mit ihm zu essen. Tatsächlich aß die Göttin Ceres in ihrer Unwissenheit (, weil sie es nicht wusste, / als Unwissende) die Schulter des Jungen. Die übrigen Götter hatten das unglaubliche Verbrechen des gottlosen Vaters durchschaut (bemerkt). Deshalb rührten sie die Speisen nicht an. Einer von ihnen schrie: „Der arme junge Mann soll sofort ins Leben zurückkehren! Seine verletzte Schulter soll wiederhergestellt werden! Zögert nicht, Gefährten! Lasst uns dem armen jungen Mann sein Leben zurückgeben! Der rohe (wilde) Vater jedoch soll schwer bestraft werden (eine schwere Strafe zahlen)! Lasst uns den Tantalus in Fesseln legen! Dieser soll einsam in Haft ein sehr hartes Leben führen!"
Tatsächlich retteten die Götter den jungen Mann und schenkten ihm eine aus Silber gemachte Schulter. Da rief Jupiter voller Zorn: „Welcher Wahnsinn hat dich ergriffen, mein Sohn Tantalus? Die Götter werden einem Menschen, der ein solches Verbrechen begangen

hat, niemals verzeihen. Ich bin der Ansicht, dass du einen allzu großen Fehler gemacht hast. Deshalb lasst uns mit bestem Recht eine neue Art von Strafe erfinden!" Nachdem er diese Worte gesprochen hatte, ließ er den Tantalus in die Unterwelt führen (befahl er, dass Tantalus in die Unterwelt geführt wurde).
Dort wurde jener gezwungen, mitten im Wasser zu stehen. Immer wenn er trinken wollte, wich das Wasser stets von seinem Mund, sodass er niemals seinen gewaltigen Durst löschen konnte. Und über seinem Kopf war ein Baum voll süßer Früchte. Aber immer wenn Tantalus wünschte, diese zu berühren, wichen die Früchte von seinen Händen zurück. So büßt (zahlt) Tantalus eine ewige Strafe bis auf den heutigen Tag.

## 7 Phaëthon

C 78

Als der junge Mann das hohe Haus des Sol betreten hatte, glaubte er zuerst nicht, was er sah: Sowohl die Tische als auch die Gemälde waren aus Gold gemacht. Der Gott Sol saß nach Art eines Königs auf einem goldenen Thron. Mit lauter Stimme fragte er den jungen Mann: „Welcher Grund hat dich hierhergeführt, mein Sohn? Was erstrebst du im Haus des Vaters, Phaëthon?" Der junge Mann antwortete: „O Vater, o helles Licht der Welt, durch Unrecht gezwungen komme ich zu dir." „Sag, was du willst!" „Wenn doch die schlechten Menschen nicht immer Folgendes über mich erzählen würden: ‚Ist dieser junge Mann der Sohn eines Gottes oder behauptet (sagt) er Falsches?' Hoffentlich gibst du mir ein Zeichen, mit dem ich diesen beweisen kann, dass ich von göttlicher Abstammung bin."
Da erhob sich Sol und berührte seinen Sohn mit den Händen: „Ich werde allen Menschen sagen, dass du mein Sohn bist. Ich liebe dich, mein Sohn! Aber damit du selbst nicht zweifelst, wünsche dir, was du willst!" Kaum hatte der Vater seine Rede beendet, als der Sohn sagte: „Hoffentlich erlaubst du mir, Vater, dein goldenes Viergespann und die schnellen Pferde zu lenken!"
Weil Sol durch diese Worte verwirrt worden war, antwortete er: „Leichtsinniger junger Mann, weißt du nicht, wie schwierig es ist, dieses goldene Viergespann und die Pferde zu lenken? Warum ersehnst du ein so schweres Werk? Nicht einmal Jupiter, der über alle Götter herrscht, kann diese Pflicht leisten. Ich allein kann das goldene Viergespann durch die Wege des Himmels lenken. Phaëthon, glaube mir: Ich selbst werde von ungeheurer Angst bewegt, (immer) wenn ich auf dem Viergespann stehe und vom hohen Himmel aus das Meer und die Länder erblicke. Es ist kein Vergnügen, die Pferde mit starker Hand zurückzuhalten. Kaum gehorchen die wilden Tiere mir!" Als Phaëthon nicht aufhörte, dies zu wünschen, sagte Sol mit strengem Gesichtsausdruck: „Du wünschst dir nicht eine Ehre, sondern das Verderben. Wenn du doch diesen dummen Plan aufgeben würdest! Wünsch dir lieber etwas anderes, wenn du mich liebst! Ich werde dir alles geben, was du ersehnen wirst."
Aber der junge Mann wollte nicht gehorchen. Da verstand der Vater, dass er die Gesinnung seines Sohnes nicht umstimmen konnte. Deshalb führte er ihn zum Viergespann und mahnte ihn mit lautem (großem) Seufzen: „Hoffentlich verlässt du nicht den mittleren Weg! Halte die mittlere Bahn ein!" Aber Phaëthon stand schon auf dem Viergespann und befahl den Pferden, durch die Luft zu eilen. Zuerst freute sich der fröhliche Jüngling, hierauf aber schrie er, weil er von gewaltiger Furcht bewegt (worden) war: „Wenn ich doch den Worten des Vaters gehorcht hätte! Wenn ich doch diesen Fehler nicht begangen hätte! Ich kann kaum die Zügel festhalten! Die energischen Pferde eilen bald in die eine, bald in die andere Richtung und zerstören mit ihrem Feuer alles!" Bald wäre der gesamte Erdkreis durch das Feuer zerstört worden, wenn nicht Jupiter die Erde und die Menschen gerettet hätte. Phaëthon aber stürzte vom hohen Himmel herab auf die Erde. Nachdem / Weil er das erblickt hatte, beweinte Sol mit traurigem Gesichtsausdruck den Tod seines Sohnes.

# 8 Aktäon

C 79

Der Jüngling Aktäon und seine Gefährten gingen einmal in den Wald, um wilde Tiere zu fangen. Nachdem sie sehr viele Tiere gefangen hatten, gab Aktäon ein Zeichen, um die Gefährten an einem Ort zu versammeln. Wenig später sagte er zu den versammelten Gefährten: „Wir haben eine sehr große Beute gemacht! Lasst uns aufhören, wilde Tiere zu fangen! Esst und stärkt eure Körper mit Speise! Übrigens werde ich den Schatten eines Baumes suchen, um auszuruhen." Dann ging Aktäon in die weiten Räume des Waldes weg. Wenig später kam er in ein der Göttin Diana heiliges Gebiet. Dort umgaben hohe Bäume ein kleines Heiligtum. Diesen schönen Ort hatte die Göttin mit den Nymphen aufgesucht. Schon hatte die edle Göttin ihre Kleidung abgelegt, um sich im Wasser der Quelle zu erfrischen, als plötzlich Aktäon da war. Sofort schrien die Nymphen heftig erschreckt auf und versuchten, mit ihren Körpern die nackte Göttin zu bedecken. Aktäon stand wie eine Statue da, sagte nichts und betrachtete nur die Göttin. O unglücklicher junger Mann! Warum bist du nicht geflohen? Warum hast du die verbotene Schwelle (Grenze) übertreten?
Aber schon hatte Diana den Aktäon erblickt. Mit äußerst scharfer Stimme sagte sie: „Du dummer junger Mann, du hast das göttliche Gesetz gebrochen. Es ist einem Menschen nicht erlaubt, eine Göttin ohne Kleidung zu sehen. Gewiss wirst du deinen Gefährten das, was du gesehen hast, erzählen. Ich aber werde dafür sorgen, dass du diese Schandtat nicht begehst! Dies bleibt zu sagen übrig: Ich werde dich schwer bestrafen (mit einer schweren Strafe versehen), damit die Menschen sich immer an die göttlichen Gesetze erinnern." Nachdem sie diese Worte gesagt hatte, verwandelte sie den armen Mann in einen Hirsch. Von großer Furcht bewegt floh Aktäon in den Wald. Als er im Wasser einer Quelle sah, dass er in ein Tier verwandelt worden war, wollte er erschreckt irgendetwas sagen, aber er hörte nur eine fremde Stimme. Er dachte bei sich: „Wie konnte das geschehen? Werde ich im Wald bleiben oder werde ich zu den Gefährten zurückkehren? Werden meine Freunde mich etwa erkennen?"
Während er darüber nachdachte (das im Geist wälzte), erblickten Hunde den Hirsch. Der arme Aktäon rief: „Verletzt mich nicht! Erkennt ihr mich (etwa) nicht? Ich bin euer Herr!" Aber die Hunde erkannten ihren Herrn nicht. Ohne irgendein Zögern stürzen sie sich auf ihn, um Beute zu machen. Jener aber, mit sehr vielen Wunden versehen, starb auf grausame Weise.

# 9 Pyramus und Thisbe

C 80

Der junge Mann Pyramus liebte die junge Frau Thisbe und wurde von ihr geliebt. Sie hofften, dass die Hochzeit zwischen ihnen stattfinden werde. Aber obwohl beide in angrenzenden Häusern wohnten, verboten die Väter, dass die Liebenden zusammenkamen. Also führten beide, weil sie öffentlich nicht zusammenkommen konnten, durch einen Spalt in der Wand heimlich Gespräche.
Einst eröffnete Pyramus der jungen Frau den Plan einer Verschwörung: „Die Liebe verursacht (macht) ein Feuer. Sooft ich deine süße Stimme höre, freue ich mich. Ich will nicht mehr ein Leben in Ruhe führen: Es ist notwendig, dass wir bald zusammenkommen. Deshalb bitte ich dich, dass du nachts das Haus des Vaters verlässt und zum Heiligtum kommst, welches vor der Stadt liegt. Dort wirst du eine Quelle und einen hohen Baum sehen." Dieser Plan gefiel der jungen Frau zur Genüge (genug); mitten in der Nacht ging sie aus dem Haus weg und fand den Platz leicht.
Weil Pyramus noch nicht da war, setzte sich Thisbe unter dem hohen Baum hin, weil sie glaubte, dass der Freund bald kommen werde. Plötzlich aber näherte sich ein Löwe mit blu-

tigem Maul der Quelle. Das erschrockene Mädchen erhob sich schnell und floh in den Wald, um sich zu retten. Der Löwe berührte mit seinem Maul das unter dem Baum zurückgelassene Kleid des Mädchens und beschmierte (versah) es mit Blut. Dann ging er weg. Später aber kam Pyramus herbei und fand das Kleid voller Blut.

Weil er glaubte, dass das geliebte Mädchen gestorben sei, rief er mit unglücklicher Stimme: „Du bist durch meine Schuld zugrunde gegangen, Thisbe! Wenn ich vorher da gewesen wäre, hätte ich dich gewiss vor dem Hunger des wilden Tieres bewahrt!" Und er fügte folgende Worte hinzu: „Es steht fest, dass ich dieses traurige Leben nicht mehr leben will. Eine Nacht wird zwei Liebende zugrunde richten." Nach diesen Worten (Nachdem diese Worte gesagt worden waren,) tötete er sich mit dem Schwert.

Sieh da! Schon kehrte Thisbe zurück, um endlich Pyramus zu treffen und um ihm über die große Gefahr zu erzählen. Als sie den jungen Mann tot auf der Erde liegen sah, schrie sie, wobei sie Tränen vergoss: „Pyramus, welch schlimmes Schicksal hat dich zugrunde gerichtet? Sag, Pyramus, höre, öffne deine Augen! Deine Thisbe ruft dich!" Als der junge Mann den Namen des geliebten Mädchens hörte, öffnete er die Augen und versuchte zu sprechen, aber er wurde vom Tod niedergeworfen.

Da sah das Mädchen das Schwert und sagte: „Es steht fest, dass ich nach dem Tod des Freundes nicht mehr glücklich sein werde. Auch wenn mein Vater mir verboten hat, Pyramus zu heiraten, wird er nicht verbieten können, dass der Tod uns vereinigen wird." Kaum hatte sie diese Worte gesprochen, als sie sich (schon) mit dem Schwert tötete.

## 10 Phädra

C 81

Theseus und Phädra hatten viele Jahre lang sehr glücklich zusammengelebt, als plötzlich Phädra allzu heftig von Liebe zu Hippolytos ergriffen wurde. Während ihr Ehemann Theseus abwesend war, bemühte sich Phädra, seinen Sohn häufiger zu besuchen. Obwohl Phädra wusste, dass sie ziemlich schändlich handelte, glaubte sie am meisten den Ratschlägen ihrer Freundin. Jene schlechte Frau ermunterte nicht nur Phädra immer zur Liebe zu Hippolytos, sondern versuchte auch den jungen Mann dazu zu überreden, dass dieser seinen Vater Theseus verriet und ihn möglichst schnell aus dem Königreich vertrieb.

Weil der Sohn jedoch von diesen Ratschlägen erschreckt war, wollte er Phädra nicht begegnen. Deshalb zog er sich in das Heiligtum der Göttin Diana zurück, um dort den zurückkehrenden Vater zu erwarten. Da Phädra aber fürchtete, dass der zurückkehrende Theseus ihre schändlichen Pläne bemerkte, beschloss sie, sich zu töten. Außerdem wollte sie, von Hass auf Hippolytos bewegt, den jungen Mann auf die grausamste Weise zugrunde richten. Also schrieb sie folgenden Brief an Theseus:

„Es grüßt dich Phädra, deine beste Ehefrau. Wenn du diesen Brief findest (Fut. II), werde ich nicht mehr leben. Erkenne das Verbrechen, das dein Sohn begangen hat! Dieser unanständige Mensch will deine königliche Macht ergreifen und besitzen. Deshalb hat dieser den Plan gefasst, dich entweder zu töten oder aus dem Königreich zu vertreiben. Er hat noch mehr gesündigt: Auch wenn ich ziemlich stark Widerstand leistete, hörte er nicht auf, mich seine Ehefrau zu nennen. Als er aber erkannte, dass ich die Treue einer guten Ehefrau bewahren (halten) werde, zwang er mich, Selbstmord zu begehen (mit meiner eigenen Hand an den Tod heranzugehen). Lebe wohl, bester Ehemann, in Erinnerung an mich! Hüte dich aber sehr sorgfältig vor deinem Sohn!"

Tatsächlich fand wenig später Theseus diesen Brief in der rechten Hand seiner toten Ehefrau. Er wurde von einer so großen Wut ergriffen, dass er die Hände zum Himmel ausstreckte und den Gott Neptun bat: „Sorge dafür, dass mein gottloser Sohn bald umkommt!" Als Hippolytos Zugang zu seinem Vater erbat, hielt Theseus seinen Sohn von sich fern und schickte ihn in die Verbannung. Schneller als der Vater geglaubt hatte, wurde der Sohn getötet. Als Hippolytos nämlich die Heimat verließ und seinen Wagen an der Küste lenkte, erhob sich auf Veranlassung Neptuns ein gewaltiges Ungeheuer aus dem Meer. Die Pferde, erschreckt durch den Anblick des Ungeheuers, liefen ziemlich schnell, Hippolytos stürzte vom Wagen und sein Körper wurde über die Küste geschleift (gezogen). Seine Gliedmaßen lagen weit und breit verstreut an der Küste. So verlor der unglückliche Theseus an einem Tag sowohl seine Ehefrau als auch seinen Sohn.

## 11 Jason raubt das goldene Vlies

C 82

Damit niemand ihre Liebe erkannte, verließ Medea heimlich das Haus ihres Vaters. Nachts kam sie zum Schiff der Griechen. Dort sagte sie zu Jason: „Ich habe gehört, dass du begierig auf das Kämpfen bist. Viele erzählten, dass du sehr geeignet zum Kämpfen bist. Jedoch wirst du durchs Kämpfen nichts gegen den Drachen bewirken. Der Drache nämlich ist ein unsterbliches Lebewesen. Dieser verteidigt das goldene Vlies, dass du rauben willst, vor allen. Aber verzweifle nicht! Ich werde dir durch meine Kunst der Täuschung helfen. So wirst du das goldene Vlies in die Heimat entführen."
Nachdem er diese Worte gehört hatte, ergriff Jason froh die Hand der Medea und sagte: „Diese deine Worte sind fast göttlich. Es ist mir sehr willkommen, dass du mir hilfst. Lass uns nun die Gefahr angehen! Nachts wird es leichter sein, den Drachen zu besiegen." Dann stieg er sehr schnell vom hohen Schiff auf die Küste herab. Wenig später betrat er zusammen mit Medea den Wald; selten spendete (gab) die Nacht Licht. Beide gingen durch die Dunkelheit, als sie plötzlich von einem gewaltigen Feuer erschreckt wurden. Vor ihnen stand ein ungeheurer Drache, der gemäß seiner Natur große Flammen aus seinem Maul spie (schickte). Es war keine Zeit mehr, zu überlegen: Medea warf so schnell wie möglich dem Drachen eine vergiftete Speise vor. Dann zogen sich Jason und Medea hinter einen Baum zurück, um zu beobachten (betrachten), was der Drache machte. Weder bewegte sich zuerst das wilde Tier noch rührte es die Speise an; plötzlich aber pflückte es die Speise von der Erde. Nach kurzer Zeit war das wilde Lebewesen in tiefem Schlaf versunken (von tiefem Schlaf niedergeworfen). Da ergriff Jason das goldene Vlies.
Nachdem beide glücklich zum Schiff zurückgekehrt waren, betrachteten die Gefährten des Jason das goldene Vlies immer wieder. So sehr waren sie mit dem Betrachten beschäftigt, dass sie kaum die Worte Jasons hörten: „Hört, Gefährten! Um des Siegens willen (Wegen des Sieges) sind wir hierhergekommen. Tatsächlich haben wir gesiegt: Mit Unterstützung Medeas ist der Drache besiegt worden. Nachdem das Vlies geraubt ist, ist es mir nun erlaubt, dem König Pelias nachzufolgen. Medea wird meine Ehefrau sein, wenn die Götter es zulassen (Fut. II), dass wir in die Heimat zurückkehren. Aber zögert nicht! Lasst uns dieses nicht angenehme Land verlassen! Lasst uns über (durch) die Wellen in die Heimat aufbrechen!"
Obwohl der König Aietes versuchte, mit vielen Schiffen Jason und seine Gefährten zu ergreifen, entkamen die Griechen.

## 12 Niobe

C 83

Für Niobe, die Königin Thebens, war es das größte Vergnügen, sich selbst zu loben. Sie lobte über die Maßen ihren Körper, ihren Geist und ihren Reichtum. Immer sagte sie, dass sie eine bedeutende und herausragende Frau sei. Sie hatte nämlich eine Menge von Kindern – sieben Söhne und sieben Töchter.
Einst fasste eine junge Frau, die die Hüterin des Tempels der Göttin Latona war, den Plan,

die thebanischen Frauen zusammenzurufen. Deshalb lief sie durch die Straßen der Stadt und rief: „Ihr Frauen, kommt in den Tempel der Latona, zeigt euch fromm und bringt der Göttin ein Opfer!" Wenig später waren viele Frauen da, um ein Opfer zu bringen. Kaum hatten sie das Opfer im Tempel vollendet, als plötzlich Königin Niobe eintrat und von Zorn entflammt schrie: „Welcher Wahnsinn hat euch ergriffen, ihr Frauen? Warum vernachlässigt ihr mich, indem ihr eine fremde Göttin verehrt? Im Gegenteil ist eine andere Sache nötig: Ich will wissen, ob ihr Latona oder mich mehr achtet." Weil die anständigen Frauen von so großem Hochmut verwirrt waren, wussten sie nicht, wo sie hinsehen sollten.
Die Königin jedoch brachte ohne Zögern Folgendes hervor: „Wisst ihr etwa nicht, dass Tantalus mein Vater gewesen ist, dem es erlaubt war, mit den Göttern zu speisen? Ist etwa nicht Jupiter selbst mein Großvater? Gewiss ist euer Geist geeignet dazu, um sorgfältig nachzudenken: Mir gehorchen die Völker Phrygiens, ich besitze ungeheuren Reichtum. Außerdem werdet ihr, wenn ihr mich anseht, leicht erkennen, dass Niobe so schön wie diese Göttin da ist. Nehmt nun hinzu die große Menge meiner Kinder! Latona hat nur zwei Kinder – dies ist der siebte Teil meiner Freude! Wenn ihr die Anzahl der Kinder vergleicht, werdet ihr verstehen, dass ich das Beispiel einer wahrhaft glücklichen Frau bin. Warum verehrt ihr nicht eher mich?"
Als sie diese Worte gehört hatten, verließen die Frauen sofort den Tempel. Aber die Göttin Latona, die mit ihrem Sohn Apollo und ihrer Tochter Diana diese Schandtat von einem Berggipfel aus gesehen hatte, sagte: „Ich werde nicht erlauben, dass eine sterbliche Frau unsere Würde mit Worten verletzt! Bestraft diese!" Apollo und Diana eilten schnell nach Theben. Vor der Stadt trainierten die Söhne der Niobe mit schnellem Laufen und tapferem Kämpfen ihre Körper. Apollo zeigte seine Kunst, Pfeile zu schießen (Geschosse zu schicken), und tötete alle jungen Männer.
Nachdem diese Nachricht an Niobe gemeldet worden war, kam die Königin sofort herbei. Weinend sagte sie: „Freue dich, grausame Latona, dass du mir sieben Söhne geraubt hast. Freue dich, dass du gesiegt hast!" Aber wenig später rief sie mit verändertem (entgegengesetztem) Sinn: „Habe ich etwa gesagt, dass du gesiegt hast, Göttin? Gewiss hast du nicht gesiegt: Ich habe (immer) noch mehr Kinder als du." Kaum hatte die Königin diese Worte voller Kühnheit gesprochen, als Diana da war und mit schnellen Pfeilen (Geschossen) die Töchter der Niobe alle bis auf eine (außer einer) tötete.

## 13 Die lykischen Bauern

C 84

Es war Sommer, die Sonne brannte herab. Die Göttin Latona irrte mit ihren zwei Kindern durch das äußerste Lykien. Erschöpft von den Anstrengungen des Marsches konnte die Mutter kaum (mehr) gehen. Außerdem weinten die armen Kinder und schrien, weil sie von großem Durst gequält wurden. Endlich erblickte die Mutter einen Teich auf einem Feld. Also eilte sie schnellen Fußes (mit schnellem Fuß) dorthin.
Als sie in der Nähe war, sah sie, dass mitten im Teich Bauern standen, die Schilfrohre sammelten. Als die Göttin Wasser trinken wollte, hielten die schlechten Männer die arme Frau vom Teich fern: „Was willst du (für dich), Frau? Jeder ist sich selbst der Nächste. Geh weg!" Latona hoffte, dass sie diese mit folgenden Worten bewegen würde: „Es ist nicht gerecht, dass ihr mich vom Wasser fernhaltet. Der Gebrauch von Wasser ist ein Gemeingut (gemeinsam). Einem jeden ist es erlaubt, Wasser zu trinken. Die Natur nämlich hat das Sonnenlicht (die Sonne), die Luft und das Wasser allen gegeben. Deshalb bitte ich, dass ihr mir Zugang zum Wasser gewährt (gebt). Oder fürchtet ihr, dass ich einen Diebstahl des Wassers begehe? Ich will nur trinken. Habt ihr etwa euer Schamgefühl verloren (Ist etwa euer Schamgefühl zugrunde gegangen)? Bewegen euch (etwa) die kleinen Kinder nicht? Wollt ihr (etwa) nicht, dass diese unversehrt sein werden? Bringt ihnen Wasser! Raubt ihnen nicht das Leben!"

Aber die hartherzigen Männer wurden nicht einmal durch die Bitten der Mutter bewegt. Im Gegenteil steht fest, dass gerade die Schlechtesten auch diese Schandtat hinzugefügt haben: Sowohl mit ihren Füßen als auch mit ihren Händen wirbelten sie das Wasser so auf, dass es nicht mehr getrunken werden konnte. Nachdem sie diese unglaubliche Sache wahrgenommen hatte, schrie Latona voller Wut: „Ich bitte euch, Götter, dass diese Verbrecher immer in diesem Teich leben. Ich wünsche, dass ihr allen, die die heiligen Gesetze der Menschlichkeit verletzt haben, Strafe bringt." Und sofort geschah eine sonderbare Sache: Die Götter haben die Bauern in Frösche verwandelt. Auch die Stimme eines jeden Mannes wurde verwandelt. Obwohl sie unter Wasser waren, versuchten sie unter Wasser zu schimpfen.

## 14 Philemon und Baucis

C 85

Einst stiegen Jupiter und Merkur vom Himmel auf die Erde hinab, weil sie beschlossen hatten, die Gastfreundschaft der Menschen zu prüfen. Beide hatten menschliches Aussehen und Gestalt, damit keiner vermuten konnte, dass sie Götter seien (sie als Götter vermuten konnte). Sie suchten die Häuser vieler auf und baten, dass ihnen Speise gegeben wird. Niemand aber hörte die Bitten, das Tor keines (Menschen) stand offen. Jupiter sagte zornentbrannt: „Beim Herkules, ich habe schon vieles gesehen, aber ich habe den Charakter der Menschen zu wenig verstanden. Fast vermute ich, dass alle Menschen einen so hartherzigen Geist haben. Aber sieh dieses kleine Haus, welches fern von den übrigen liegt, Merkur! Lass uns dort unser Glück versuchen!"
Kaum hatte der oberste Gott mit seiner Hand das Tor berührt, als es plötzlich offenstand. Der alte Mann Philemon grüßte mit freundlicher Stimme die Gäste und erlaubte ihnen einzutreten. Innen empfing seine Ehefrau Baucis die Gäste mit frohem Gesichtsausdruck: „Seid gegrüßt, ihr Männer! Ich glaube, dass ihr euch nach der langen Reise ausruhen wollt. Deshalb setzt euch und verweilt bei uns (haltet euch bei uns auf)!" Dann ging sie zum Feuer weg, um eine Mahlzeit zuzubereiten. Während die Frau mit ihrem Atem die Flammen nährte, holte ihr Ehemann süße Früchte herbei.
Wenig später sagte Philemon: „Gerne gestehen wir, liebe Gäste, dass wir nicht reich sind. Aber wir versprechen, dass wir euch alles geben werden, was wir besitzen." Nach dem Essen reichte (gab) Philemon den Gästen Wein, den er selbst bereitet hatte. Den Göttern gefiel das kleine Gastmahl; am meisten aber freuten sie sich, wenn Sie die freundlichen Gesichter beider betrachteten. Sie erkannten nämlich, dass Philemon und Baucis gute Menschen waren. Diese jedoch wussten nicht, dass sie eine Mahlzeit für Götter bereiteten. Die guten alten Leute meinten, dass Menschen zu ihnen gekommen seien.
Es war aber sonderbar, dass sich die Becher von selbst immer wieder füllten, obwohl niemand neuen Wein hineingegossen (hinzugefügt) hatte. Da schließlich merkten die alten Leute, dass Götter diese wundersame Sache bewirkt hatten. Sofort verehrten sie die Götter mit folgenden Worten: „Verzeiht uns, unsterbliche Götter, dass wir euch eine so kleine Mahlzeit gegeben haben." Nachdem er diese Worte gesagt hatte, eilte Philemon durch das Tor, um eine Gans zu fangen, sie zu töten und zum Essen zuzubereiten. Aber obwohl der alte Mann das schnelle Tier ergreifen wollte, konnte er es nicht fangen. Zuletzt war die Gans zu den Göttern geflohen.
Jupiter sagte lachend: „Wir danken euch, anständige alte Leute! Tatsächlich sind wir Götter. Wir sind auf die Erde hinabgestiegen, um die Tugend der Menschen kennenzulernen. Aber außer euch haben alle Sterblichen einen hartherzigen Geist. Diese also sind einer schweren Strafe würdig. Fürchtet euch nicht! Wir werden euch beschützen, weil ihr sowohl die Menschlichkeit als auch die Götter verehrt. Verlasst schnell dieses Haus, damit ihr gerettet werdet!" Nach kurzer Zeit hielten sich Philemon und Baucis auf einem Berggipfel auf; sie

sahen von diesem Ort aus, dass die gesamte Gegend ringsum (um sie selbst herum) unter Wasser verschwand (verborgen wurde). Schließlich erblickten sie ihr kleines Haus, das in einen goldenen Tempel verwandelt (worden) war.

## 15 Pygmalion

C 86

Auf dieser Insel lebte der Künstler Pygmalion. Dieser lebte ohne Ehefrau, weil er sehr viele Fehler der Frauen beklagte: Das eine Mädchen bewahrte die Treue nicht, wie jener meinte, eine andere war allzu begierig nach Geld, (wieder) eine andere war ihm nicht schön genug. Einst plante Pygmalion, eine sehr schöne Statue einer jungen Frau zu schaffen. Das ganze Jahr hindurch widmete er sich diesem Werk. Dies ist gut gelungen: Alle Menschen, die diese Statue später sahen, meinten, dass es eine beinahe lebendige junge Frau sei. Der Künstler selbst ist von so großer Liebe zu seiner Statue entflammt worden, dass er diese nicht nur berührte, sondern auch mit ihr sprach. Er gab der Statue auch Küsse, schenkte jener Geschenke und schmückte den wunderschönen (sehr schönen) Körper mit verschiedenen Kleidern. Nachts legte er die Statue nahe zu sich (hin), so als ob jene schlafen könnte.
Als der heilige Tag der Venus da war, kamen alle im Tempel zusammen, um die Göttin zu verehren. Auch Pygmalion kam bei Tagesanbruch zum Heiligtum der Venus. Dort blieb er am Altar stehen und bat: „Weil du alles geben kannst, Göttin, wünsche ich, dass ich eine Ehefrau habe wie die sehr schöne Statue! Lass zu, Göttin, dass ich mit dieser Bitte erreichen werde, dass meine Statue Gefühl annimmt! Oft nämlich habe ich deine Hilfe erfahren." Nachdem er diese Bitten geäußert hatte, kehrte er sehr schnell nach Hause zurück.
Kaum hatte er der Statue Küsse gegeben und deren Körper mit den Händen berührt, als jene ihre Augen zu rollen und ihre Glieder zu bewegen begann. Zuerst wurde Pygmalion durch diese sonderbare Sache verwirrt, dann aber fragte er die künstlich geschaffene (durch Kunst gemachte) junge Frau: „Kannst du (etwa) auch sprechen?"
Wenig später erfuhr er, dass diese auch sprechen konnte. Hierauf fragte sie der Künstler: „Kannst du etwa auch laufen und mir folgen?" Tatsächlich folgte jene seinen Schritten (Fußsohlen). So war Pygmalion der glücklichste Mann auf der ganzen Welt. Er erfuhr noch größeres Glück. Venus nämlich gab ihm diese lebendige Statue zur Ehefrau. Pygmalion genoss endlich ein glückliches Leben.

## 16 Herkules und die Schlangen

C 87

Es ist bekannt, dass Juno, von Zorn bewegt, mit folgenden Worten bei sich gesprochen hat: „Wiederum hat der Ehemann mich betrogen. Wiederum hat Jupiter aus Furcht, dass eine günstige Gelegenheit ausgelassen würde, sich eine menschliche Frau ausgewählt. Wenn es mir doch erlaubt wäre, den Jupiter persönlich zu bestrafen! Aber durch Klagen werde ich nichts bewirken; ich werde mit Vernunft handeln. Ich weiß schon, wie ich den gewissenlosen Ehemann verletzen werde: Der kleine Junge, den Alkmene geboren hat, soll sein Leben verlieren! Ich werde zwei Schlangen schicken, die den Jungen, wenn er sich im Schlafzimmer aufhält, töten werden, bevor die Sonne aufgegangen sein wird."
Wenig später waren (hatten) die Schlangen, die auf Befehl Junos zu Herkules aufgebrochen waren, ins Haus eingedrungen (betreten). Weil die Wächter glaubten, dass alles sicher sei, hatten sie die wilden Tiere nicht bemerkt. Nicht einmal die Mutter, die in der Nähe saß, hatte die Tiere wahrgenommen. Die Schlangen schauten sorgfältig den schlafenden Jungen an. Dann erhoben sie sich und versuchten, mit ihren langen Körpern den Jungen zu umschlingen (umgeben). Der kleine Junge war ohne Wissen seiner Mutter in höchster Gefahr.

Aber Herkules, der aus dem Schlaf erweckt war, ergriff mit seinen kleinen Händen die wilden Tiere. Er drückte deren Körper mit so großer Kraft, das die Schlangen starben, weil sie ohne Atemluft waren. Es ist bekannt, dass sich dann großes Geschrei des Herkules erhob. Die Mutter stürzte erschrocken ins Schlafzimmer, der König ermahnte die Wächter, die schnell folgten: „Helft, Soldaten!" In der Meinung, dass Feinde dem Jungen ein Unrecht angetan hatten, hatte der König ein Schwert mitgebracht – aber er sah nur den kleinen Herkules. Alle bewunderten den unglaublichen Anblick: Der Junge lag fröhlich in der Wiege und hielt die toten Schlangen in (mit den) Händen.
Der König, der die gewaltige Kraft des kleinen Herkules bewunderte, holte einen weisen alten Mann herbei, um mit dessen Hilfe die Zukunft zu erfahren. Der alte Mann meinte, dass Herkules als junger Mann die Heimat verlassen, viele wilde Tiere töten und nach seinem Tod ein ewiges Leben erreichen werde. Es ist bekannt, dass sich alles auf dieselbe Weise ereignet hat, wie (es) der weise alte Mann gesagt hatte.

## 17 Herkules am Scheideweg

C 88

Bei Sonnenaufgang rief der Jüngling Herkules seine Gefährten zusammen. Er sagte ungefähr Folgendes: „Hört, liebenswerte Freunde! Gerne lebte ich mit euch, lange hatte ich Freude am Vollenden harter Arbeiten. Nun aber bin ich mit dieser Lebensweise nicht mehr zufrieden. Auch wenn es mir nicht leichtfällt, werde ich euch verlassen und einen neuen Weg verfolgen. Lebt wohl!" Nachdem er von den Freunden weggegangen war, machte er einen langen Marsch (eine lange Reise).
Als er viele Tage lang weit vorangeschritten war, setzte er sich auf einen Felsen und dachte über die Zukunft nach (wälzte die Zukunft in seinem Sinn hin und her). Plötzlich sah er zwei Frauen herbeikommen. Die eine hatte eine einfache Kleidung, die andere, die bunte Kleidung und goldene Schmuckstücke trug, schritt mit großem Hochmut einher. Sie ahmte fast einen Pfau nach.
Diese begann sofort zu sprechen: „Ich fühle, Herkules, dass du nicht weißt, welche Art der Lebensführung du einschlagen (verfolgen) wirst. Wenn du meinem Rat bei der Entscheidung dieser schwierigen Angelegenheit folgst, wird dich ein sehr angenehmes Leben erwarten. Du wirst frei von Sorgen sein, alles Unglück wird weichen. Glaub mir: Du wirst ohne Schmerz, Arbeit und Ehrgeiz sein und immer in Vergnügungen leben. Du wirst gut essen, viel trinken, und den unsterblichen Göttern gleich leben. Du wirst größte Schätze ohne Mühe erreichen, niemand wird dir jemals etwas vorschreiben." Nachdem sie diese Rede gehalten hatte, fragte Herkules sie, welchen Namen sie hätte. Jene antwortete mit sehr süßer Stimme: „Die meisten nennen mich *Voluptas* (Lust). Von manchen aber werde ich *Vitium* (Fehler) genannt."
Da sagte die andere Frau: „Ich, Herkules, werde dir weder ein falsches Vergnügen noch leeren Reichtum versprechen. Alle, die wahre Freunde haben (gebrauchen) wollen, müssen den Freunden von Nutzen sein. Alle, die tapfer sein wollen, müssen durch das Trainieren ihres Körpers ihre Gliedmaßen stärken. Alle, die sich Ehre wünschen, müssen sich um der Rettung der Bürger willen im Staat und nicht in privaten Angelegenheiten betätigen. Alle, die von den Göttern geliebt werden wollen, werden den ersehnten Lohn durch höchste Arbeit erreichen. Der Mensch muss nämlich wissen, dass ihm nichts von den Göttern ohne große Mühe gegeben wird. Ich habe gehört, dass du aus einem edlen Geschlecht stammst. Deine Begabung ist recht. Deshalb glaube ich, dass du geeignet bist, um Anstrengungen auf dich zu nehmen. Wenn du übrigens meinen Namen hören willst, ich werde *Virtus* (Tugend) genannt." Dann fügte sie folgende Worte hinzu: „Siehst du dort den engen und schwierigen Weg?" Die andere Frau lachte mit lauter Stimme: „Warum zögerst du, Herkules? Wenn du diesen langen und rauen Weg mit meinem kurzen und angenehmen Weg vergleichst (Fut.

II), wird es nicht schwer für dich sein, zu entscheiden. Oder willst du freiwillig Anstrengungen ertragen?"

Da sagte Virtus: „Bekenne, Voluptas, dass du von den Göttern gemieden und von den ehrenhaften Menschen nicht beachtet wirst: Niemals nämlich hast du den Menschen Wohltaten erwiesen. Wenn du dich entschlossen hast (Fut. II), Herkules, mir zu folgen, wirst du gewiss Arbeiten auf dich nehmen müssen; schließlich aber wird dich wahre Freude erwarten." Wenig später waren beide Frauen weggegangen. Herkules gebrauchte ohne Zögern den Ratschlag der Virtus und beschloss, unter ihrer Führung sein Leben zu führen.

## 18 Achill – ein Held in Frauenkleidern

C 89

Thetis, die göttliche Mutter Achills, kannte das Schicksal und die Zukunft ihres Sohnes: Sie sah nämlich vorher, dass jener im Trojanischen Krieg werde sterben müssen. Weil die Mutter den Sohn vom Kämpfen abhalten wollte, sagte sie: „Wenn du nicht im Trojanischen Krieg sterben willst, musst du fliehen. Ich glaube nämlich, dass die griechischen Gefährten dich, einen sehr tapferen Soldaten, suchen werden." Achill gehorchte dem Rat seiner Mutter und floh in das Königreich des Königs Lykomedes.

Der König nahm den jungen Mann wie einen Sohn an. Achill gewöhnte sich sofort daran, das Kleid einer Frau zu tragen (gebrauchen), damit ihn niemand erkennen konnte. Er nahm auch einen neuen Namen an: Er wurde Pyrrha genannt. Lange wohnte er in diesem Teil des Hauses, den Männer nicht betreten durften. Es ist offenkundig, dass Achill unter so vielen Frauen ein sehr angenehmes Leben geführt hat. Die Tochter des Königs war so sehr in ihn verliebt (wurde von so großer Liebe zu ihm entflammt), dass sie ihm einen kleinen Sohn gebar. Aber nicht lange war das Schicksal glücklich. Die Griechen nämlich, die wussten, dass sie ohne Hilfe des Achill die Trojaner niemals würden besiegen können, hatten den Odysseus überzeugt, dass er den tapferen Achill suchen und zum Heer zurückschicken müsse. Dieser nahm diese Last auf sich und kam einst auf die Insel des Lykomedes. Weil Odysseus der Meinung war, dass Achill sich dort verbarg, sagte er auf dem Marktplatz der Insel:

„Wenn du da bist, Achill, höre meine Worte! Gern gestehe ich, dass du ein tapferer Soldat bist. Oder scheinst du nur ein tapferer Soldat zu sein? Ein tapferer Soldat nämlich muss seine Pflichten erfüllen. Liegt dir etwa nicht der Ruhm am Herzen? Wenn du mit uns die Trojaner besiegst (Fut. II), wird dein Name unsterblich sein. Wenn du aber an diesem berühmten Krieg nicht teilnimmst (Fut. II) (an diesem berühmten Krieg vorbeigegangen sein wirst), wirst du als unbekannter Mensch sterben. Der Ruhm des Krieges darf von einem echten Mann nicht vernachlässigt werden. Bedenke, auf welch große Ehre du verzichten wirst (welch große Ehre du beiseitelassen wirst)! Verstehe, dass du dasselbe tun musst wie wir. Führe Krieg gegen Troja! Ich weiß, dass du immer das Kriegswesen im Sinn hast (überlegst)."

Auch wenn Achill durch diese Worte sehr bewegt worden war, verriet er sich weder durch seinen Gesichtsausdruck noch durch seine Stimme – wie eine Frau stand er in der Menge der Frauen. Da verstand Odysseus, dass er eine List anwenden (bereiten) müsse. Er befahl, dass mitten auf dem Marktplatz Waffen unter schönen Kleidern versteckt wurden. Während die Frauen die Kleider bewunderten, gab Odysseus mit einer Kriegstrompete ein Signal. Als Achill die Trompete hörte, stürzte er ohne Zögern zu den Kleidern und ergriff die unter den Kleidern verborgenen Waffen. So nämlich war er unterrichtet worden, dass er, wenn er die Kriegstrompete gehört hatte, sich sofort zum Kämpfen vorbereitete. Natürlich ist Achill von allen Griechen erkannt worden, obwohl er das Kleid einer Frau trug. Als die Männer lachten, ist er von so großem Schamgefühl ergriffen worden, dass er nicht (mehr) zögerte, zusammen mit Odysseus aufzubrechen, um Krieg zu führen (zum Führen des Krieges).

## 19 Mars, Vulcanus, Venus

C 91

Vulcanus grüßte Sol mit freundlichem Gesichtsausdruck: „Sei gegrüßt, großer Sol! Niemals hätte (habe) ich geglaubt, dass du an diesen Ort kommen wirst. Verzeihe, wenn die Dunkelheit, die Feuer und das Geschrei der Kyklopen dich beunruhigen! Es ist sehr laut (ein großer Lärm) – freilich arbeiten die kräftigsten Männer bei mir." Sol antwortete: „Was auch immer ich hier sehe, Vulcanus, ist gut von dir eingerichtet worden. Aber ich bin nicht hierhergekommen, um deine Arbeit zu loben. Ich bitte dich: Lass die Freiheit zu, offen zu sprechen, damit du die allzu großen Schandtaten deiner Ehefrau kennenlernst."
Nachdem er seinen Hammer niedergelegt hatte, rief Vulcanus: „Sag, was auch immer es ist! Für mich ist es wichtig zu wissen, was meine Ehefrau getan hat, auch wenn es keine angenehmen Dinge sein werden." Sol (sagte): „Nach meinem Urteil brennt Venus schon lange in Liebe zu Mars: Während du unter dem Berg arbeitest, wartet die Ehefrau zu Hause sehr begierig auf Mars. Venus nimmt sich mehr an Freiheit heraus. Ich kann dir aber nicht alle Zeichen der Liebe anzeigen, aber lange Briefe, kleine Geschenke und süße Küsse." Nachdem er diese ungerechte Sache vermeldet hatte, verließ Sol den armen Vulcanus.
Vulcanus war so sehr zornentbrannt, dass er mit seinem Hammer das Schwert, das er geschmiedet (erschaffen) hatte, beinahe zerbrach. Er schrie: „Schlimmste Ehefrau, welcher Wahnsinn hat dich befallen? Du liebst Mars, den Mars, dem ich Waffen zum Gebrauch in der Schlacht übergeben habe? Du vernachlässigst mich, der ich die Blitze Jupiters, des höchsten Gottes, gemacht habe? Wo auf der Welt ist Gerechtigkeit? Ich weiß, dass ich weder das Alter noch den Adel noch die Macht des Mars besitze. Was auch immer es ist, dennoch ist es dir nicht erlaubt gewesen, mich so grausam zu verletzen, Venus! Ich sorgte immer für dein Glück – und nun ist dieser mehr wert als ich. Ich werde dich hinauswerfen, schlechteste Frau! Zuerst aber werde ich für euch eine gerechte Strafe vorbereiten."
Nachdem die Arbeit des Tages beendet war, ging Vulcanus endlich nach Hause. Nachdem er seinen Zorn unterdrückt hatte, aß er mit seiner Frau und sagte: „Ich muss morgen bei Tagesanbruch aufbrechen, um nicht die übrige Zeit des Tages zu verlieren. Ich muss nämlich mehrere Arbeiten beenden." Tatsächlich verließ Vulcanus, wie er es gesagt hatte, bei Tagesanbruch das Haus.
Sofort rief Venus Mars zu sich – im Glauben, dass ihr Ehemann seinen Weg unter den Berg macht. Als Mars endlich herbeikam, freute sich Venus heftig. Die Liebenden gaben sich Küsse, als plötzlich ein eisernes Netz auf diese fiel. Beide konnten sich nicht mehr bewegen. Da aber hörten sie die Stimme des Vulcanus: „Tretet ein, Unsterbliche, und nehmt an dieser sonderbaren Angelegenheit teil! Seht, welch schöne Vögel ich heute gefangen habe!" Mit diesen Worten unterwarf er Mars und Venus den Augen der Götter. Die Götter lachten heftig über den sonderbaren Anblick und bewunderten die Klugheit der Bestrafung (des Strafens).

## 20 Perseus und Medusa

C 94

Perseus zweifelte daran, ob er die Medusa besiegen konnte, als plötzlich die Göttin Minerva vor ihm stand. Der junge Mann freute sich über die Ankunft der Göttin und fragte sie ungefähr Folgendes: „Was soll ich tun, Göttin? Wie kann es geschehen, dass ich das Haupt der Medusa zum König bringe? Sorge für mein Glück, bitte!" Minerva sagte: „Höre, junger Mann! Zuerst musst du die drei Schwestern der Medusa aufsuchen. Diese wohnen in den Bergen Afrikas und haben ein gemeinsames Auge. Oft geschieht es, dass sie dieses unter sich aufteilen. Wenn du jenen das Auge geraubt hast (Fut. II), werden die Schwestern schwächer

(weniger stark) sein. So wirst du leicht erreichen, dass sie dir den Weg zu Medusa zeigen. Empfange außerdem diesen Schild, von dem offenbar ist, dass er dir von Nutzen sein wird!" Nachdem sie diese Worte gesagt hatte, ging die Göttin in den Himmel weg.
Nachdem Perseus die Reise über das Meer gemacht hatte, traf er tatsächlich die drei Schwestern. Als jene, wie Minerva gesagt hatte, feindlich dem jungen Mann die Hilfe verweigerten, raubte Perseus Ihnen schnell das Auge. Nach dem Raub des Auges geschah großes Geschrei. Zuerst waren die Schwestern zornig, dann verlangten sie vergeblich das Auge zurück, schließlich verrieten sie, durch das Unglück gezwungen, dem jungen Mann den Weg zu Medusa. Dennoch gab Perseus das Auge nicht zurück, sondern warf es in eine Quelle. So war es den Schwestern nicht möglich, der Medusa die Ankunft des Perseus zu melden. Die Nymphen, die bei der Quelle wohnten, sagten zu dem jungen Mann:
„Nimm diesen Rucksack an, in dem du das Haupt der Medusa verwahren kannst (Fut. I)."
Perseus dankte diesen und brach von dort auf. Nach kurzer Zeit begegnete er Merkur, dem Boten der Götter. Dieser sagte: „Ich kenne deinen Plan ganz genau. Deswegen übergebe ich dir dieses aus Silber gemachte Schwert. Nimm auch diese Flügelschuhe an! Von ihnen in die Höhe gehoben wirst du schnell zu Medusa kommen. Aber wenn du ihre Höhle betrittst (Fut. II), hüte dich, das Ungeheuer anzusehen: Niemand dürfte den wilden Anblick aushalten. Alle nämlich, von denen bekannt ist, dass sie das Gesicht der Medusa erblickt haben, sind in Steine verwandelt worden. Halte also mit beiden Händen den Schild fest! Schütze den Körper mit dem Schild! So wird es geschehen, dass du die feindlichen Augen der Medusa meiden wirst." Wenig später flog Perseus mithilfe der Flügelschuhe dorthin, wo Medusa lebte. Diese gab sich soeben ohne (jeglichen) Verdacht dem Schlaf hin, als Perseus herantrat, um sie zu besiegen.
Wer könnte zweifeln, dass Medusa von ihrem Anblick sehr erschreckt wurde? Perseus griff diese sehr schnell an, tötete sie mit dem Schwert und trennte ihr Haupt vom Hals. Nach der Bluttat nahm Perseus das Haupt des Ungeheuers in den (mit dem) Rucksack auf, dann erhob er sich mit den Flügelschuhen in den Himmel.
Perseus jedoch, der in die Heimat zurückkehren wollte, wurde durch ein starkes (großes) Unwetter in das Königreich des Atlas getrieben. Der junge Mann bat den mächtigen König, nachts in dem großen Haus schlafen zu können. Als er aber von diesem abgewiesen worden war, sagte Perseus zürnend: „Niemand könnte glauben, dass ein so großes Unrecht geschehen kann. Da du das heilige Recht der Gastfreundschaft vernachlässigt hast, wirst du eine gerechte Strafe erhalten." Nach diesen Worten zeigte Perseus dem Atlas das Haupt der Medusa: Atlas wurde sofort in einen großen Berg verwandelt.

## 21 Perseus und Andromeda

C 97

Nachdem Atlas in einen Berg verwandelt worden war, soll Perseus der Überlieferung nach an die Küste Äthiopiens geflogen sein. Dort fand er eine junge Frau, schöner als ein Stern, die in Fesseln gelegt an einem Felsen hing. Sofort trat er hinzu und fragte sie: „Wie ist dein Name (Welcher Name ist dir zu Eigen), Mädchen? Warum wirst du an diesem Sitz festgehalten?" Zuerst verbat das Schamgefühl dem Mädchen, zu sprechen. Dann aber wagte es, zu antworten:
„Mein Name ist Andromeda. Ich bin die Tochter des Kepheus, des Königs von Äthiopien. Höre den Grund meines Unglücks! Es gibt Leute, die sagen, dass meine Mutter zu sagen gewohnt war, dass sie um vieles schöner sei als die Göttinnen des Meeres. Diese scheinen sich den Vorwurf ausgedacht und Neptun herbeigeholt zu haben. Auf Veranlassung des Gottes ist ein grausames Exempel statuiert worden. Unsere Heimat ist durch eine sehr große Meeresflut zerstört worden, ich werde für immer an diesem Felsen festgehalten. Neptun nämlich hat

beschlossen, mich einem wilden Drachen vorzuwerfen, um auf diese Weise meine Mutter zu bestrafen."

Kaum hatte das Mädchen dies gesagt, als ein gewaltiger Drache sein Haupt aus den Wellen erhob. Weil Andromeda heftig erschrocken war, schrie sie: „Sieh da, das Ungeheuer kehrt zurück und macht sich auf zum Felsen! Ich fühle, dass meine letzte Stunde da ist! Was soll ich tun?" Ihre armen Eltern eilten mit großer Geschwindigkeit zur Tochter. Ihnen trat Perseus entgegen und sagte: „Ihr seht, dass der Drache bald da sein wird. Deshalb hört meine Worte: Ich bin Perseus, der Sohn Jupiters. Ich bin es gewohnt, Ungeheuer zu besiegen. Wenn ihr wollt, dass Andromeda von mir gerettet wird, versprecht, dass diese meine Ehefrau sein wird! Sicher verdient es eure Tochter nicht (ist eure Tochter nicht würdig), von einem Drachen getötet (ausgelöscht) zu werden." Der Vater Andromedas antwortete: „Du bist das wahre Abbild deines Vaters! Wir werden auf jeden Fall (völlig) zugestehen, was auch immer du willst, wenn du unsere Tochter vor dem Drachen verteidigst (Fut. II)." Und schon war der Drache da.

Perseus erhob sich mit seinen Flügelschuhen in die Luft und im Vertrauen auf seine Kräfte griff er das Ungeheuer mit dem Schwert an. Das wilde Tier stieß (schickte) Feuer aus seinem Maul – und konnte dennoch Perseus nicht verletzen. Je wilder das Ungeheuer war, desto tapferer leistete Perseus Widerstand und erwies sich als überlegen. Andromeda und ihre Eltern sahen von der Küste aus, dass der tote Drache in den Wellen versank. Die junge Frau verliebte sich heftig (wurde von Liebe entflammt), als Perseus sie aus den Fesseln befreite. Die glücklichen Eltern dankten dem jungen Mann. Der Vater freute sich so sehr, dass er Folgendes hinzufügte: „Du bist würdig, mir als König nachzufolgen, zumal du ein Mann von altehrwürdiger Tugend (Tapferkeit) bist."

Wenig später war die Hochzeit. Aber plötzlich betrat Phineus, der Bruder des Königs, mit seinen Gefährten das Gastmahl und rief: „Erinnert ihr euch nicht, dass der König mir Andromeda als Ehefrau versprochen hat? Nun aber soll jene irgendeinen Mann heiraten. Wie kann dies geschehen? Ein jeder von uns hasst diesen Jüngling, besonders weil er die schöne Andromeda mitnehmen (mit sich wegnehmen) wird. Wir werden dich alle zusammen töten, Jüngling, der du gewiss das Maß überschritten hast!" Sofort begannen alle, die da waren, eine sehr heftige Schlacht. So groß war die Menge der Soldaten des Phineus, dass sie von Perseus kaum zurückgehalten werden konnte. Als dieser erkannte, dass diese siegen würden, ergriff er schnellstens das Haupt der Medusa und zeigte es den Feinden. Es wird überliefert, dass Phineus und seine Soldaten sofort in Steine verwandelt wurden.